LES
VEUVES CRÉOLES,

COMÉDIE

En trois Actes en Profe.

Veniunt à dote fagittæ. Juvenal.

A AMSTERDAM,

& fe trouve

A PARIS,

Chez MERLIN Libraire, rue de la Harpe, vis-à-vis la
rue Poupée, à Saint Joseph.

M. DCC. LXVIII.

AVERTISSEMENT.

CETTE Piece court manuscrite depuis l'année derniere à la Martinique pour qui principalement on l'imprime. Quand elle parut, elle fut jugée & critiquée par les beaux Esprits qui se trouverent dans l'Isle ; mais quelques personnes, dont l'Auteur estimoit l'opinion, avant même qu'il sçût ce qu'elles pensoient de l'Ouvrage, le rassurerent un peu sur leurs sentimens ; & d'autres ayant encore depuis mêlé quelques éloges à des observations dont il a tâché de profiter, il s'est déterminé à la faire imprimer. Le beau sexe créol s'est beaucoup déchaîné contre lui, & il ne voit pas pourquoi. Le silence qu'il a observé sur les femmes, devoit leur faire sentir combien il les considere ; car ordinairement quand on se tait sur elles, c'est qu'on en pense bien : cela est sçû de tout le monde. Les veuves n'ont pas plus à se plaindre de lui ; car il fait voir que si des étrangers ont cherché à les tromper, ils n'ont pu y réussir qu'en empruntant un caractere honnête ; alors on est bien excusable de se méprendre. Il fait voir aussi que quelquefois elles ne se sont pas laissé abuser jusqu'au bout. Tout cela prouve en elles de la bonne foi ou de la clairvoyance, & souvent l'une & l'autre ensemble : cela est bien clair. Pour les filles, il en doit être grandement chéri. En deux mots il fait leur éloge, en faifant dire même à un méchant qu'on ne peut obtenir d'elles quelques faveurs qu'à l'aide d'un contrat de mariage. Cela veut dire qu'elles ont le cœur fenfible comme ailleurs, mais *en tout bien & tout honneur*, comme on dit ; qu'elles fçavent aimer, mais qu'elles ne croyent aimer que leurs époux futurs ; rien n'eft plus honnête & plus louable affurément. Quelques perfonnes fe font avifées de vouloir critiquer cet endroit-là ; mais ce font de mauvaifes langues. L'Auteur eft donc en droit de s'attendre à être fort bien dans l'efprit des femmes, très-eftimé des veuves, & chéri par les filles : ce fut toujours là fon but. Quelques hommes du pays ont auffi été affez mécontens de lui, tandis qu'il prenoit leur défenfe. Mais c'eft précifément l'hiftoire de Martine, qui ne vouloit pas que M. Robert empêchât fon mari de la battre. Comme cette Comédie pourroit tomber entre les mains de gens peu inftruits de quelques ufages particuliers du pays pour qui elle eft faite, on a cru devoir y mettre quelques notes.

LES
VEUVES CREOLES,
COMÉDIE.

Veniunt à dote sagittæ. Juvénal.

PERSONNAGES,

M. DE LA CALE , Négociant.
Madame SIROTIN ,⎱ Sœurs de M. de la
Madame GRAPIN , ⎰ Cale, & Veuves.
MELITE , jeune Veuve, leur Niece.
ROSALIE , Fille de M. de la Cale.
FONVAL ; jeune Négociant.
Le Chevalier DE FATINCOURT.
Un Domestique blanc.
Plusieurs Domestiques noirs.

La Scene à Saint-Pierre , Ville de Commerce de la Martinique.

LES
VEUVES CREOLES,
COMÉDIE.

ACTE PREMIER.

SCENE PREMIERE.

M. DE LA CALE, FONVAL.

M. DE LA CALE, *en bonnet & en veste blanche, selon le costume, une canne à la main, comme prêt à sortir.*

MAIS d'où vient donc ce ton piquant dont vous parlez à présent du Chevalier ? vous étiez autrefois si liés.

FONVAL.

Oui, nous l'étions, & j'en rougis. Les airs qu'il prend, m'en avoient imposé comme à bien d'autres. Je prenois ses impertinences pour un bon ton; & le voyant fêté par tant de femmes, je croyois qu'il falloit l'imiter pour faire quelque figure. J'ai ouvert les yeux sur mon ridicule, & j'ai vu qu'on

A ij

pouvoit plaire fans employer fes manieres, qui fi-
niffent toujours par attirer le mépris des honnêtes
gens.

M. DE LA CALE.

Bon, le mépris! dites donc l'inimitié de bien
du monde. C'eft bien les gens comme lui que l'on
méprife. Je veux bien croire que quelques perfonnes le haïffent; mais les uns, c'eft parce qu'il leur
porte ombrage, les autres, parce qu'il dévoile leurs
ridicules & leurs défauts.

FONVAL.

Ne vous y trompez pas: c'eft du mépris tout pur,
& fa langue méchante . . . .

M. DE LA CALE.

Mais au refte tant pis pour ceux qui donnent ma-
tiere à jafer. Eft-ce fa faute à lui fi Eliante fe def-
honore; fi Lucinde fe rend ridicule par l'air gauche
qu'elle a à fe donner des graces; fi la veuve Ara-
minte fe fait chanfonner en époufant, à cinquante
ans, un homme de trente; fi l'ignorant la Batterie
entend mieux à faire du fucre qu'à rendre un ju-
gement; fi Chantrelet a la fureur de faire des chan-
fons fi plates; & fi tant d'autres méritent auffi d'ê-
tre épigrammatifés? Il n'invente rien de tout ce
qu'il dit de ces gens-là. Il eft vrai qu'il donne aux
chofes une certaine tournure . . . . Mais enfin il
m'amufe moi, & me fait rire quand il me parle
d'eux.

FONVAL.

C'eft précifément ce qui le rend une connoiffan-
ce très-dangereufe; & je crains, fi vous me per-
mettez de vous parler franchement, qu'un jour
vous ne vous repentiez de l'avoir reçu chez vous.

M. DE LA CALE.

Pour moi je ne le crains pas; & je fuis très-flatté que ma maifon lui plaife, & qu'il y vienne fouvent. Voyez comme il m'aime! comme il m'a pris tout-d'un-coup en affection! comme il en ufe familierement avec moi! comme il vient prefque tous les jours fans façon manger ma foupe! Oh que je ne fuis pas de ces gens à qui on en impofe! je vois bien quand un homme a véritablement de l'amitié pour moi. J'ai de la fienne des preuves qui ne font pas équivoques, & il me rend un fervice qui ne peut être que d'un ami bien fincere. Il m'en coute un peu cher, à la vérité, & je lui ai livré trente bariques de fucre, pour reconnoître les foins qu'un de fes amis veut bien fe donner pour moi à la Cour; mais ce n'eft rien en comparaifon de l'importance du fuccès dont il me flatte. Il m'a recommandé de garder le fecret; mais, foit dit entre-nous, je me verrai dans peu décoré de façon . . . . patience, patience, on en parlera. Ce n'eft, après tout, qu'une efpece de juftice que l'on me rend; il me le dit bien.

FONVAL.

J'ai peine à concevoir les grandes raifons qui vous attachent fi fort à lui; mais quelles qu'elles puiffent être, fi j'étois, ainfi que vous, pere de famille, & à la tête d'une maifon remplie de femmes, la porte en feroit fermée à lui & à fes femblables.

M. DE LA CALE.

Comment! croyez-vous que mes fœurs puiffent donner prife fur elles? parbleu . . . . .

FONVAL.

Je fuis loin de le penfer. Mais bien fouvent la méchanceté . . . . .

M. DE LA CALE.

Oh ! méchanceté tant qu'il vous plaira, il n'y a rien à dire. Mes sœurs sont à finir leur tems : Mélite est étourdie, si vous voulez, mais c'est la jeunesse qui fait cela. Elle a au fond de l'éducation & des mœurs. Pour ma fille, je suis bien tranquille sur son compte : c'est un enfant. (*un peu bas*) Je ne serois pourtant pas fâché qu'elle eût quelque goût pour lui.

FONVAL, *un peu ému.*

Plaît-il ? que dites-vous, Monsieur, de votre fille ?

M. DE LA CALE.

C'est un projet que j'ai dans la tête, & vous pourriez, si vous vouliez, m'aider un peu là-dedans.

FONVAL.

Voyons ; qu'est-ce ? avec grand plaisir.

M. DE LA CALE.

J'ai envie de faire faire au Chevalier une proposition par dessous main. Il s'agiroit, avant tout, de sçavoir ce qu'il pense de Rosalie. Là … sans faire semblant de rien . . . .

FONVAL (*à part.*)

Quel coup de foudre !

M. DE LA CALE.

Il faudroit, le plus adroitement possible . . . .

FONVAL.

Quoi ! vous voulez que je me charge . . .

M. DE LA CALE.

Deux mots seulement : lui faire entendre qu'elle lui convient. Ce seroit un mariage brillant. C'est une bonne idée, n'est-ce pas ? faites cela, faites cela ; je vous serai bien obligé.

FONVAL (*à part.*)

Je ne sçaurois y tenir davantage : il faut que je rompe le silence. Puisque nous sommes ici seuls : Monsieur, . . . & que nous sommes là-dessus . . . permettez-moi de vous proposer une affaire, & de vous avouer. . . . .

M. DE LA CALE.

Une affaire ! oh, nous verrons cela tantôt. Il faut à présent que j'aille à mon magasin faire arranger le reste de ma derniere cargaison.

FONVAL, *le retenant.*

Si vous vouliez, Monsieur, un instant . . . . deux mots suffiront pour . . . .

M. DE LA CALE.

N'est-ce pas pour cette farine de (*a*) *Moissac* qu'on doit nous envoyer de la *Dominique ?* C'est une affaire faite. Dites au Capitaine Anglois que je lui enverrai les pieces (*b*) étampées de quatre cens barils ; mais qu'elle soit belle.

FONVAL.

Hélas ! il ne s'agit pas de cela : c'est quelque chose d'une bien plus grande conséquence. . . .

M. DE LA CALE.

Ah ! c'est donc pour ces deux bateaux de

(*a*) La farine de Moissac est d'une des meilleures qualités de celles que l'on transporte dans les Colonies.

(*b*) Les barils dans lesquels on la met, sont marqués du nom de son crû. Il en est de même de toutes les autres farines qui viennent de France.

A iv

bœuf (*a*) étranger que vous voulez faire débarquer cette nuit. Eh bien, avez-vous vu le Capitaine (*b*) du Domaine? vous êtes-vous arrangé avec lui?

FONVAL.

Mon Dieu, oui, il est d'accord de tout; mais...

M. DE LA CALE.

Et que craignez-vous donc? faites débarquer, faites débarquer en toute sûreté. Il y a apparence que nous en tirerons un bon parti. Je reviendrai dans deux heures; nous nous verrons à ce sujet-là.

SCENE II.

FONVAL, *seul.*

IL veut donner Rosalie au Chevalier de Fatin-court! que je suis malheureux!... Je meurs d'impatience de la voir... Pourquoi faut-il qu'elle ne soit pas ici!... Mais quelqu'un vient: c'est peut-être elle... non, c'est le Chevalier; que ne suis-je sorti plutôt!

(*a*) Il est défendu, sous des peines très-graves, d'introduire dans l'isle d'autre bœuf salé que celui que l'on apporte de France.

(*b*) Le Domaine dans cette occasion est un petit bâtiment qui rôde incessamment sur les côtes de l'isle, pour empêcher le commerce étranger. Le Capitaine qui le commande, quand il voit quelque bâtiment qui cherche à acoster la terre, & qu'il s'en méfie, envoie à son bord, & le fait visiter. Il est confisqué s'il le trouve en contrebande.

SCENE III.

Le Chev. de FATINCOURT, FONVAL.

LE CHEVALIER.

AH! te voilà, mon ami. Eh bien, que fais-tu là tout seul? rêves-tu à tes amours?

FONVAL.

J'attends le retour de cés Dames. Mélite est sortie en visites; Madame Sirotin est avec son économe à prendre des arrangemens pour son habitation.

LE CHEVALIER.

Oui, oui; je sçais ce que c'est. C'est par mon conseil qu'on les prend.

FONVAL.

Madame Grapin est, je crois, à faire radouber ses canots.

LE CHEVALIER.

C'est encore par mes avis; je lui ai conseillé de se défaire de quelques-uns, après les avoir mis en état.

FONVAL.

Pour M. de la Cale, il est à faire débarquer des marchandises.

LE CHEVALIER.

C'est fort bien fait à lui; il a raison d'amasser du bien, il s'en fait honneur. Et sa fille, à propos, qu'en fais-tu? Je ne sçais plus où tu en es avec elle. Je te vois à présent si rarement!

FONVAL.

Oh! fa fille, . . . crois-moi; laiffons-la là.

LE CHEVALIER.

Parbleu c'eft fort plaifant. Je penfe que tu veux jouer avec moi le difcret! c'eft inutile : je ne t'enferai pas un mérite ; ainfi renonce à ces fimagrées-là.

FONVAL.

Non, je ne fais pas le difcret ; mais ces queftions-là me déplaifent.

LE CHEVALIER.

Je vois ce que c'eft. Tu ne fçaurois en venir à bout, & tu veux abandonner la partie. Mais auffi tu as un air trop honnête pour prendre ici auprès des femmes. Rien ne retarde tant en amour comme la modeftie & le peu de confiance en foi-même. Ce qui m'a mis en vogue, je le fens bien, c'eft ma fuffifance, & le titre de Chevalier que j'ai pris en mettant pied à terre. On m'avoit donné le mot.

FONVAL.

J'ai bien peur dans ce cas-là d'être toute ma vie malheureux en amour ; car il n'y a pas d'apparence que je devienne jamais Chevalier, à moins que je ne me dépayfe : dans ce cas-là, je pourrois bien faire comme tant d'autres.

LE CHEVALIER.

J'ai, du refte, un avis à te donner, en cas que tu parviennes à la captiver, comme il fe pourra faire avec de la perféverance ; prens bien garde de t'avancer trop loin. C'eft le diable que de terminer avec les filles d'ici.

FONVAL.

Comment?

Le Chevalier.

Oui: elles font tenaces à l'excès: vous ne fçavez plus par où finir avec elles, ni vous en féparer quand elles vous ennuient. Elles font toutes fi finguliéres . . . fi ridicules . . . elles n'ont que le mariage dans la tête. Elles veulent qu'on les époufe exactement.

Fonval.

Nous verrons cela.

Le Chevalier.

Oui, on ne peut en obtenir quelque faveur un peu férieufe, qu'à l'aide d'un bon contrat de mariage prêt à figner. Promets, mon ami, promets tant qu'il le faudra, mais ne vas pas faire la folie...

Fonval.

Oh je n'ai garde. (*à part.*) Que cet entretien-là me gêne!

Le Chevalier.

Ce ne feroit pardonnable qu'à moi. Ce n'eft qu'à moi qu'un mariage fiéroit bien. Mais toi tu n'en es pas à ces expédiens-là. Il me vient une idée pour te tirer d'embarras, & te fauver des difficultés. Cette petite Rofalie, comme tu vois, te fait perdre ton tems: faifons enfemble un accommodement. Je te céderai les bonnes femmes que j'ai, & je prendrai ta place auprès d'elle. Tu ne perds pas au marché, je t'en donne trois pour une. La conquête, il eft vrai, n'en fera pas bien brillante; je les ai réduites en fort peu de tems: auffi tu ne m'en vois pas plus fier: j'y fuis accoutumé, & cela m'a fi peu coûté!

Fonval.

Non, Chevalier, j'aime encore mieux perdre

mon tems auprès de Rofalie, que de réuffir auprès
des trois femmes dont tu as fait, dis-tu, la conquête.

LE CHEVALIER.

Ah! tu ne veux pas: c'eft bientôt dit. Cependant
fi j'en étois bien tenté . . . . mais je ne fuis pas
homme à mauvais procédé . . . . Plus j'y penfe
pourtant, plus je vois que cet arrangement-là me
conviendroit; car enfin me voilà avec ces femmes-
là fur les bras. Comment finir à préfent ? m'en
amufer ? en tirer parti feulement pour le plaifir ? . . .
Non, il n'y a pas d'apparence : cela n'en vaut guere
la peine. Les époufer ? . . . ce feroit affez mon but;
mais le choix m'embarraffe.

FONVAL.

Moi je pencherois pour Mélite : c'eft la plus vive,
la plus jeune . . . . .

LE CHEVALIER.

La plus jeune ! oui vraiment, & c'eft ce qui me
fâche. Il faudroit tirer au court bâton, fe défier à
qui furvivroit. Non, c'eft trop fatigant ; encore, fi
elle avoit plus de bien que les deux tantes, à pro-
portion du moins d'années qu'elle a, paffe . . . .
nous verrions ; mais c'eft ce que j'ignore.

FONVAL.

Et les deux autres, qu'en penfes-tu ?

LE CHEVALIER.

Les deux autres ? . . . . Si je connoiffois au jufte
leurs facultés, je ferois bien-tôt décidé. Je fais tout
ce que je peux pour m'en éclaircir, fans me com-
promettre, & je n'ai pas encore pu en venir à bout.
Mais à bien égal, je donnerois la préférence à Ma-

dâme Sirotin : elle eft l'aînée , elle mérite le pas.

FONVAL.

C'eft aimer l'ordre.

LE CHEVALIER.

Mais n'importe laquelle , il faut abfolument que j'en aie une de la famille. Voilà fix ans que je fuis à la Martinique , & je n'ai point de tems à perdre. J'ai fait pour y venir d'affez grands facrifices , pour prétendre à quelque chofe qui m'en dédommage. J'ai quitté la France , mes amis , mon fervice (il eft vrai que j'ai trouvé à-peu-près à le fuivre ici) , il faut néceffairement que je trouve encore quelque parti en état de payer mes dettes , & de me faire reparoître en France , & je ne vois nulle part rien qui foit plus mon fait que dans cette maifon-ci.

FONVAL.

Et le mouchoir une fois jetté , comment te tirer d'affaire avec les autres ? que diront-elles ?

LE CHEVALIER.

Tout ce qu'elles voudront , mais fans avoir le droit de fe plaindre de rien.

FONVAL.

Cependant on dit . . . .

LE CHEVALIER.

Vraiment je fçais bien qu'on dit beaucoup de chofes ; mais que m'importe ? je ne me fuis engagé à rien vis-à-vis d'elles : c'eft pofitif. Je ne leur ai jamais fait que de ces avances fur lefquelles on ne peut rien tabler , & qui donnent malgré cela beaucoup à efpérer. Elles s'imaginent en effet toutes trois que je les aime à la fureur , & c'étoit bien mon intention ; mais après tout ma confcience ne

tient à rien. Cela fait, il eſt vrai, de beaux objets !
Y a-t-il rien de ſi mauſſade que cette Madame Sirotin ? . . . Mais elle a une bonne habitation, &
c'eſt tout ce qu'il faut pour faire une femme. Et ſa
ſœur, c'eſt bien la mine la plus hétéroclite ! A ſon
âge, elle a des prétentions comme à vingt ans. Elle
eſt occupée, elle parle ſans ceſſe de ſes canots, des
radoubs, des ſuifs qu'elle leur fait donner. Quand
je m'approche d'elle, je crains toujours d'attraper
du goudron. Quant à Mélite, tu ſçais que c'eſt un
recueil de toutes ſortes de petits ridicules. Pour
avoir vécu un hiver en France, où ſon mari ſe fai-
ſoit, en payant, paſſer pour homme de qualité ;
elle s'imagine avoir plus de relief, plus de mérite
que celles qui ne ſont jamais ſorties d'ici. Mais elle
n'a apporté de ce voyage-là que quelques degrés
d'impertinence de plus.

FONVAL.

A t'entendre parler, diroit-on que c'eſt de femmes à qui tu as cherché à plaire ?

LE CHEVALIER.

Tout cela eſt à la lettre : & puis cherché à plaire ? . . . Il y a bien des choſes à dire là-deſſus : je
n'ai jamais eu grande peine : je ne m'en ſuis jamais
trop inquiété.

FONVAL.

Ce n'eſt pas ce qu'on débite dans le public, &
l'on prétend que tu as tant fait que tu te trouves à
préſent le plus joliment du monde avec Mélite.

LE CHEVALIER.

Oh le plus joliment ! comment l'entends-tu ?

FONVAL.

Moi! je l'entendrai comme tu voudras .. euh! .. qu'en est-il ?

LE CHEVALIER.

Mais . . . . s'il faut dire les choses telles que . . . non, ne me questionne pas là-dessus. Je me fais scrupule de rien dire qui puisse faire le moindre tort à aucune femme.

FONVAL.

Je ne m'attendois pas à celui-là.

LE CHEVALIER.

Je t'en prie, ne parle de rien ; ne vas pas dire . . .

FONVAL.

Non, je te jure ; je ne sçais rien, comment parlerai-je ? & je suis éloigné d'ajouter foi aux faux bruits que l'on fait courir.

LE CHEVALIER (*à part.*)

Quel esprit ! il ne sçait rien deviner.

FONVAL (*à part.*)

L'abominable homme !

LE CHEVALIER.

J'apperçois Mélite qui rentre. Il faut que je voie à finir avec elle ; que je tâche à prendre quelque parti pour ou contre. J'ai pour cela besoin d'un tête-à-tête ; laisse-moi le champ libre, je te prie.

FONVAL.

De tout mon cœur, adieu.

SCENE IV.

MÉLITE, le Chevalier de FATINCOURT.

LE CHEVALIER.

AH ! Madame, je mourois d'impatience en vous attendant.

MÉLITE.

Et moi d'ennui, Chevalier, il n'y a qu'un moment. Mon Dieu, la triste compagnie ! Il est bien désagréable d'être obligé à un certain cérémonial avec de tels gens. Se peut-il qu'il y ait dans ma famille de pareilles especes ?

LE CHEVALIER.

La nature s'est trompée, Madame, affurément.

MÉLITE.

Je fors de chez Clorinde. Outre le défagrément de fa personne, j'y rencontre toujours les mêmes figures : toujours un Monfieur Dumoulin, qui ne fçait que vous laffer les oreilles de fon fucre, de fes cannes, de fon rafineur. Il parle pots & formes depuis le matin jufqu'au foir. Vous connoiffez le petit Plateville ? Il tient le dé dans cette maifon, à ce qu'il paroît. Il nous affomme de fon ton de garnifon, qui eft du dernier dégoûtant. Il régale fon monde de tems en tems de fes petites aventures, & voudroit fe donner pour petit-maître & pour homme de bonne compagnie ; mais les hommes connoiffeurs fe difent tout bas quelle eft l'efpece
de

de bonne compagnie qu'il a toujours fréquentée, & ne le regardent que comme un poliſſon, dans toute l'étendue du terme.

LE CHEVALIER.

Et cette grande fille que j'y vois ſouvent, qui va ſe marier .. là .. pour raiſon .. y étoit-elle auſſi ?

MÉLITE.

Oui vraiment elle y étoit, & nous a entretenus long-tems de ſa vertu, à laquelle, comme vous ſçavez, on ne croit plus guère.

LE CHEVALIER.

Et cette vieille veuve, qui à force de répéter qu'elle ne veut plus ſe marier, nous fait juger qu'elle en meurt d'envie ?

MÉLITE.

Elle nous a encore juré à tout propos qu'elle veut abſolument mourir ſa maîtreſſe. Je ſuis caution qu'elle tiendra ſa parole; car perſonne ne ſe trouve tenté de lui faire fauſſer ſon ſerment, à moins que quelque affamé ....

LE CHEVALIER.

Convenez qu'en général c'eſt une réſolution bien folle à prendre.

MÉLITE.

Oui, mais il ſeroit bien ſage de la ſuivre; & au fond je trouve qu'elle a bien raiſon.

LE CHEVALIER.

Sans doute elle a raiſon : cela lui eſt permis, à elle & à ſes ſemblables; mais il n'en eſt pas de même de tout le monde; & je dis qu'il faut que la tête tourne pour faire de ces ſermens-là.

B

Mélite.

Hélas ! je commence à le croire.

Le Chevalier.

Moi, par exemple, tant il est faux que les caracteres ne changent jamais, j'avois une antipathie singuliere pour le mariage ; je me serois brouillé avec mon meilleur ami, s'il m'en avoit parlé, auroit-ce été avec la plus riche & la plus aimable héritiere du monde ; à présent je conçois qu'on peut être heureux même dans cet état-là ; j'y entrevois des plaisirs que je n'imaginois pas possibles. Voyez quel changement ! Eh bien, cela m'est venu, je ne sçais comment.

Mélite (*à part.*)

Je vois bien où il en veut venir. Comme il amene les choses délicatement !

Le Chevalier.

Mais vous, Madame, vous seriez-vous par hasard engagée dans la même entreprise où je vois tant de femmes échouer ? Aimable & prudente comme vous êtes, vous avez dû bien vous en garder.

Mélite.

Non, je n'ai jamais formé de ces desseins, que tant d'événemens peuvent faire évanouir. Je ne sçais ce que le Ciel me destine ; mais je vous avouerai que je tremble quand je songe à l'éternité peut-être de chagrins où le mariage nous expose.

Le Chevalier.

Ce n'est pas vous, Madame, qui devez craindre des suites aussi funestes ; c'est bien plutôt une éternité de plaisirs que vous devez espérer.

MÉLITE.

Oui, avec de certaines perſonnes ; mais tout le monde ne ſe reſſemble pas.

LE CHEVALIER (à part.)

Avec de certaines perſonnes ! bon, voilà des (haut.) avances. Tout le monde, ſans contredit, ne ſe reſſemble pas ; mais l'eſprit & l'uſage du monde que vous avez, doivent vous mettre à l'abri de faire un mauvais choix. Et quel homme aſſez dur pour vous mettre dans le cas de regretter la liberté que vous lui auriez ſacrifiée ?

MÉLITE.

Vous me flattez, je le voïs, & je ſçais ce qu'il faut prendre des douceurs que vous me dites.

LE CHEVALIER.

Non d'honneur je ne flatte point : c'eſt bien ſincere. (à part.) Elle eſt la dupe dė tout, elle a beau dire.

MÉLITE.

Mais en effet je ne vois pas en quoi un homme auroit à ſe plaindre de moi, & je puis dire avoir l'eſprit aſſez liant & aſſez complaiſant. Mon cœur feroit tout à celui que j'en aurois cru digne. Je n'ai point le défaut ſi commun ici d'être jalouſe ; quant à la fortune . . . .

LE CHEVALIER *lui prenant la main.*

Eh ſi donc, Madame, devez-vous parler de cet article-là ? Avec vous il doit être compté pour rien, ainſi qu'avec celles en qui tant d'agrémens pourroient y ſuppléer . . Eh bien donc . . puiſque vous

B ij

le voulez abfolument , ... quant à la fortune.
(*à part.*) Voici le moment décifif.

MÉLITE.

Quant à la fortune, fi elle n'eft pas des plus
brillantes, au moins elle. eft honnête; & les prétentions que j'ai, doivent un jour l'augmenter con-
fidérablement. Mes efpérances ne font pas frivoles,
puifqu'elles font fondées fur partie des biens de
mes tantes.

LE CHEVALIER (*à part, lui laiffant aller la main.*)

Des efpérances ! Elles n'ont toutes que cela
à dire ; voilà leur Vaudeville : cela me tue. Des
efpérances !

MÉLITE.

Peut-être cela ne laiffera-t-il pas que de fe mon-
ter haut, comme vous pouvez fçavoir.

LE CHEVALIER (*à part.*)

Dans ce cas-là il vaut mieux s'adreffer à la
fource.

MÉLITE.

Ah Dieu ! je vois venir Madame Grapin. Sa préfence ne pouvoit jamais être plus importune. Je
fuis dans un trouble, une agitation . . . . Adieu,
Chevalier, je fouhaite que les momens que vous
allez effuyer, vous paroiffent auffi longs que ceux
que je viens de paffer m'ont paru courts.

LE CHEVALIER (*froidement.*)

Tout au moins , Madame , il y a à parier.

SCENE V.

Mad. GRAPIN, le Chev. de FATINCOURT.

LE CHEVALIER (*à part.*)

ALLONS, il faut abfolument me décider, tandis que j'y fuis, & rayer celle-là de mon catalogue. Ce fera donc une des tantes qui l'emportera, peut-être celle-ci, voyons.

Mad. GRAPIN.

N'eft-ce pas Mélite qui fort d'avec vous, Chevalier?

LE CHEVALIER.

J'étois avec elle, en vous attendant.

Mad. GRAPIN.

Elle vient de fe donner en ridicule dans la maifon d'où elle fort. Plût à Dieu qu'elle voulût prendre de vous un ton plus honnête & plus décent!

LE CHEVALIER.

Il eft vrai qu'elle donne dans de grands travers, & j'en fuis mortifié à caufe de fa famille.

Mad. GRAPIN.

Il lui feroit fi facile d'être aimable! Je connois tant de femmes qui ne font jamais forties de l'ifle, & que tout le monde préférera à elle.

LE CHEVALIER.

Sans doute: vous, par exemple, Madame, je trouve qu'il n'y a pas de comparaifon à faire de vous à elle.

B iij

Mad. GRAPIN.

Ah, Monfieur le Chevalier !

LE CHEVALIER.

Non, c'eſt ſans compliment. Elle n'a point ce maintien gracieux, cet air ouvert, ce port noble ; elle n'a point cette tournure aiſée dans les manieres, cette . . . .

Mad. GRAPIN *ſe rengorgeant*.

Tout de bon, trouvez-vous cela ?

LE CHEVALIER.

C'eſt à la lettre.

Mad. GRAPIN.

Vous croyez donc que je ne ſerois ni déplacée, ni embarraſſée, ſi je me trouvóis tout-d'un-coup au milieu de Paris, dans le plus grand monde ?

LE CHEVALIER.

Comment, déplacée à Paris ! pas même à la Cour. On vous y étudieroit, on vous y copieroit.

Mad. GRAPIN.

C'eſt pourtant naturel chez moi.

LE CHEVALIER.

C'eſt étonnant ; car perſonne ne s'habille comme vous : perſonne . . . .

Mad. GRAPIN *ſe rajuſtant*.

Oh pour cela, je me pique en effet d'avoir du goût. Comment trouvez-vous ma grecque aujourd'hui ?

LE CHEVALIER.

On ne peut pas plus élégante.

Mad. GRAPIN.

Oh ! c'eſt ma folie que la grecque.

LE CHEVALIER.

Que n'ai-je fçu cela plutôt ! j'ai reçu, il y a quelque tems, le modele de la derniere grecque de mode à la Cour, je vous l'aurois prêté.

Mad. GRAPIN.

Ah ! de grace, Chevalier, faites m'en faire un (*a*) gabaris ; & , fi vous le pouvez, rendez-moi le fervice d'engager quelques femmes de vos amies à vous faire faire toutes les modes nouvelles à la minute qu'elles prendront faveur. Quand je devrois y employer le revenu de tous mes canots, je veux faire voir aux étrangers qu'ici nous valons quelque chofe.

LE CHEVALIER.

Vous n'avez pas befoin de cela, Madame, vous n'en avez pas befoin ; il femble que vous préveniez les modes ; & j'admire en cela la juftefle de votre goût. Cette façon de porter ainfi le mantelet, par exemple, n'étoit pas en vogue, il y a trois mois ; eh bien, je gage que les premiers vaiffeaux qui arriveront, nous diront que c'eft comme cela qu'on le porte à préfent à la Cour.

Mad. GRAPIN.

Je donnerois quelque chofe de bon.

LE CHEVALIER.

Oh, Saint-Pierre fe forme prodigieufement !

Mad. GRAPIN.

Il y a cependant des gens qui tournent en ridicule & nous & notre ton.

(*a*) On appelle gabaris le plan avec les proportions d'un bâtiment de mer quelconque.

Le Chevalier.

Des gens-fans goût, Madame ; ne vous en rap-
portez pas à eux.

Mad. Grapin.

Je m'en garderai bien, & là-deſſus vous êtes plus
croyable que perſonne.

Le Chevalier.

Sans doute, car je ſuis ſincere ; & ſi je trouvois
ſur vous quelque choſe à redire, je vous en averti-
rois naturellement. Ce ne ſeroit pas vous que je
voudrois tromper là-deſſus : ce ne ſeroit pas la perſonne du monde que j'aime & que je conſidere le
plus.

Mad. Grapin.

Je m'en rapporte à votre bonne foi.

Le Chevalier.

J'aurois le courage de vous dire tout bonnement :
Madame, vous vous habillez ridiculement ; vous
voulez vous donner des airs qui ne vous vont pas ;
les gens de bon ſens vous montrent au doigt. Ouï je
vous dirois tout cela, ſi je croyois que cela fût.

Mad. Grapin.

Quelle franchiſe !

Le Chevalier.

Mais au reſte je ſuis mauvais juge en ceci. Je ſens
bien que vous pourriez avoir des défauts ſans que
je m'en apperçuſſe. Il m'eſt permis d'être aveugle
ſur votre compte.

Mad. Grapin.

O Ciel ! voilà ma ſœur. Que vient-elle faire ? Il
eſt quelquefois bien incommode d'avoir des parens.

LE CHEVALIER *(à part.)*

Quel contretems ! J'étois au moment où j'allois décider quelque chose, & voilà qu'on nous interrompt.

SCENE VI.

Mad. GRAPIN , Mad. SIROTIN, le Chevalier de FATINCOURT.

Mad. SIROTIN, *avec lenteur.*

TOUTES mes dimensions sont prises, Monsieur le Chevalier, l'année prochaine je ne devrai pas un sol. Je ferai en état de vendre mon habitation, qui sera alors dans sa plus grande valeur.

Mad. GRAPIN.

Depuis quand avez-vous dessein de vendre ? Pourquoi donc cela, ma sœur ?

Mad. SIROTIN.

Pour bien des raisons que vous sçaurez, ma sœur.

Mad. GRAPIN.

Vous êtes de la confidence, Monsieur.

LE CHEVALIER.

Madame en effet m'a fait part de l'envie qu'elle avoit de cesser de vivre à la campagne ; & je lui ai conseillé en ami . . . .

Mad. SIROTIN.

En ami, c'est bien vrai ça.

Le Chevalier.

De vendre & de fe fixer en France.

Mad. Grapin.

Ah, vous avez envie de vous fixer en France, ma fœur ?

Mad. Sirotin.

Oui, s'il vous plaît, ma fœur.

Mad. Grapin.

C'eſt à merveille : vous y figurerez bien ; que je crois.

Mad. Sirotin.

Mais tout comme une autre, je m'en vante. Et vous-même, ma fœur, on dit que vous cherchez à vous défaire de voſ maiſons.

Mad. Grapin.

On vous a dit vrai, & peut-être avons-nous auſſi des vues ſur la France.

Mad. Sirotin (*à part.*)

Des vues ſur la France ! Il y a quelque choſe là-deſſous.

Mad. Grapin (*à part.*)

D'où peut lui être venu une envie ſi bruſque, ſans nous l'avoir communiquée ?

Le Chevalier.

C'eſt-à-dire, Meſdames, que j'aurai la douleur de vous voir partir toutes deux. Il eſt malheureux ſouvent de s'attacher trop à ſes amis.

Mad. Sirotin.

Mais cela peut ne rien faire, & je ne déſeſpere pas de nous revoir en France. (*à part.*) Comme il fait l'ignorant ! Tant mieux, il a raiſon.

Mad. GRAPIN.

Il y a, Chevalier, tant d'événemens qui peuvent nous raſſembler. (*à part.*) Hélas ! où ne m'ehnuirois-je pas ſans lui ?

LE CHEVALIER.

Ma plus grande ſafisfaction ſeroit ſans doute de pouvoir un jour nous voir réunis pour toujours, comme nous ſommes à préſent.

Il prend une main à toutes les deux, de façon que l'une ne s'apperçoit pas qu'il la ſerre à l'autre.

Mais mon ſort dépend d'une perſonne qui m'eſt bien chere ; quelque part qu'elle aille, je ſuis tout diſpoſé à la ſuivre ; elle n'a qu'à dire deux mots.

Mad. GRAPIN. (*à part.*)

Ah pourquoi ne ſommes-nous pas ſeuls ! les deux mots ſeroient bientôt dits.

Mad. SIROTIN (*à part.*)

Ah ſi ma ſœur n'étoit pas là ! Il faut convenir qu'il m'aime bien !

LE CHEVALIER.

Oui, elle n'a qu'à parler, & je la ſuis par-tout. Cela me ſera d'autant plus facile, que j'attends de la Cour ma retraite & la récompenſe de mes ſervices. Depuis mon enfance, à-peu-près, je ſers ; je veux vivre à préſent tranquille ; & ſi je reçois, comme je l'eſpere, inceſſamment la croix que l'on ſollicite pour moi, je ne dépendrai plus de rien, & je pourrai me livrer ſans réſerve à tout ce que l'amour exigera de moi.

Mad. GRAPIN.

Quoi, vous attendez la croix !

LE CHEVALIER.

De jour en jour.

Mad. SIROTIN　(à part.)

Et m'aimer encore, quelle complaisance !

LE CHEVALIER, *leur serrant encore la main.*

C'est-là ma seule attente : elle remplie, tous mes desirs se tourneront vers la personne à qui je suis prêt à me lier pour la vie. Mais c'est une confidence que je vous fais à toutes deux ; de grace n'en ouvrez la bouche à personne. (*à part, en s'en allant*) Ce n'est pas ici le moment de rien terminer ; & je suis plus indécis que jamais.

Mad. GRAPIN.

Il faut espérer que tout ira bien de toutes les manieres. (*à part.*) Comme ce garçon-là m'aime !

Mad. SIROTIN　(à part.)

Je ne me sens pas d'aise.

SCENE VII.

Mad. GRAPIN, Mad. SIROTIN.

Mad. SIROTIN　(à part.)

J'AI envie de dire à ma sœur ce que j'ai dans l'ame à son sujet.

Mad. GRAPIN　(à part.)

Si je disois à Madame Sirotin deux mots de notre dessein ?

Mad. SIROTIN.

Ma sœur, j'ai une confidence à vous faire.

Mad. GRAPIN.

Ce fera donc confidence pour confidence ; car j'ai auffi quelque chofe à vous communiquer.

Mad. SIROTIN.

Cela va faire, je crois, toute la famille bien contente.

Mad. GRAPIN.

Je ferai bien applaudie de tout le monde quand on fçaura cela.

Mad. SIROTIN.

Ma fœur, c'eft que j'ai une envie.

Mad. GRAPIN.

J'en ai une auffi ... mais la meilleure envie du monde ... (*à part.*) Lui dirai-je ? .. (*haut, un peu embarraffée.*) Que dites-vous, ma fœur, de M. de Fatincourt ?

Mad. SIROTIN.

Oh ! je dis qu'il eft bien aimable, en vérité.

Mad. GRAPIN.

Vous penfez bien comme moi ; & ce qui me furprend, c'eft que, depuis qu'il eft ici, il ne fe foit trouvé perfonne qui ait voulu faire fon bonheur en l'époufant.

Mad. SIROTIN.

(*à part.*) Voudroit-elle me fonder ? ... (*haut, auffi un peu embarraffée.*) Mais on dit que cela ne tardera pas, ... que fon choix eft fait, & fon cœur fixé.

Mad. GRAPIN.

(*à part.*) En auroit-il dit quelque chofe, ou bien fe feroit-elle apperçue de notre intelligence ? ...

(*haut*, *en baiſſant les yeux.*) Vous êtes donc inſtruite de cela ?

Mad. SIROTIN , *en baiſſant auſſi les yeux.*

Mais vous pouvez bien le penſer.

Mad. GRAPIN.

Je le penſe auſſi ; & même que vous n'ignorez
pas quel eſt l'objet. . . .

Mad. SIROTIN.

(*à part.*) Elle veut m'en tirer l'aveu, je le vois. . .
(*haut.*.) Oui je le ſçais à-peu-près.

Mad. GRAPIN.

(*à part.*) Le petit indiſcret , il en aura parlé. . .
(*haut.*) Et trouvez-vous que cette perſonne ne
puiſſe rien faire de mieux ?

Mad. SIROTIN *vivement.*

Ah ! je vous le demande , ma ſœur.

Mad. GRAPIN.

Je vois , ma ſœur , qu'il n'eſt plus tems de diſſi-
muler , & nous pouvons maintenant parler à cœur
ouvert. Soyez certaine au reſte que je n'aurois pas
tardé à vous en parler.

Mad. SIROTIN.

Mon intention étoit de m'ouvrir à vous à ce ſu-
jet-là dès aujourd'hui.

Mad. GRAPIN.

Vous êtes la premiere au moins à qui j'en parle.

Mad. SIROTIN.

Je connois votre diſcrétion & votre amitié : de
mon côté auſſi , il ne me convenoit pas que perſonne en fût inſtruit avant vous.

Mad. GRAPIN.

Vous croyez donc fincérement qu'une femme avec lui puiffe être heureufe ?

Mad. SIROTIN.

Ah ! ma fœur, fi elle doit l'être ! en doutez-vous ?

Mad. GRAPIN.

Non, perfonne n'en eft plus convaincu que moi. N'a-t-il pas tout ce qui faut pour cela ?

Mad. SIROTIN.

Et vous croyez que toute la famille y donnera fon approbation de bon cœur?

Mad. GRAPIN.

Avec la vôtre & celle de mon frere on peut bien s'en paffer.

Mad. SIROTIN.

Que je fuis ravie que vous me parliez ainfi !

Mad. GRAPIN.

Que vous m'enchantez avec de telles difpofitions !

Mad. SIROTIN.

Quelle douceur, quand dans une famille les perfonnes qui nous touchent de plus près, concourent de leurs fuffrages à notre bonheur !

Mad. GRAPIN.

Ah ! que je fens bien cela, ma fœur ! . . . . (*en lui fautant au col*) & que votre bon cœur me charme !

Ensemble en s'embraſſant.

Je ſuis, on ne peut pas plus, ſenſible à ce que vous venez de me dire. Soyez ſûre que toutes les fois que je pourrai contribuer à votre bonheur, je m'y porterai toute entiere, & je voudrois déja vous voir auſſi heureuſe que je le ſuis... J'en ſuis perſuadée.

Mad. SIROTIN.

Je ſuis mille fois plus contente depuis que je ſçais ce que vous penſez ſur ce mariage-là. Je connoiſſois aſſez votre bon goût pour croire que vous n'en pouviez pas juger autrement. Comptez en revanche ſur mes prévenances dans tous vos deſirs... J'en ſuis perſuadée.

Fin du premier Acte.

ACTE

ACTE SECOND.

SCENE PREMIERE.

M. DE LA CALE *seul, regardant par où il vient d'entrer.*

PUISQUE vous le voulez abfolument, arrangez-vous : mariez-vous, ne vous mariez pas : faites autant de folies qu'il vous plaira; je ne me mêle plus de vos affaires, & je ne vous vois de ma vie. Mais quelle extravagance ! après dix ans du plus doux veuvage, vouloir fe remarier ! Riche & fans enfans, comme elle eft, c'eft me jouer un vilain tour.

SCENE II.

Mad. GRAPIN, M. DE LA CALE.

Mad. GRAPIN.

QU'EST-CE donc? qu'avez-vous, mon frere? vous avez l'air bien échauffé.

M. DE LA CALE.

J'en ai bien fujet.

Mad. GRAPIN.

Mais encore, quel eft-il?

C

M. DE LA CALE.

Votre fœur qui, à quarante-cinq ans, s'avife de
vouloir fe remarier.

Mad. GRAPIN.

Se remarier ! à fon âge !

M. DE LA CALE.

Oui, à fon âge. Elle n'eft pas contente du mauvais tems qu'elle a fait paffer au pauvre M. Sirotin :
elle voudroit encore en faire enrager un autre beaucoup plus jeune qu'elle.

Mad. GRAPIN.

Beaucoup plus jeune qu'elle ! mais y penfe-t-elle
donc ?

M. DE LA CALE.

Elle n'y penfe que trop ; & cela me paroît bien
décidé.

Mad. GRAPIN.

Qui eft-ce qui l'auroit jamais dit ? & avec qui
en veut-elle faire la folie ?

M. DE LA CALE.

Avec ce Chevalier de Fatincourt, fur qui j'avois
quelque autre vue beaucoup plus raifonnable.

Mad. GRAPIN.

Avec le Chevalier de Fatincourt ?

M. DE LA CALE.

Oui, avec lui.

Mad. GRAPIN.

Bon, vous vous moquez, mon frere : vous avez
mal entendu.

M. DE LA CALE.

J'ai fort bien entendu. Parbleu ! c'eſt bien ſingu-
lier.

Mad. GRAPIN.

Le Chevalier ſe marier avec ma ſœur !

M. DE LA CALE.

Quand je vous le dis.

Mad. GRAPIN.

Eh non, mon frere, ſi vous ſçaviez ce qui en eſt
au juſte, vous verriez bien . . .

M. DE LA CALE.

Je ne veux rien ſçavoir, ni rien voir davantage;
car vous m'impatientez, & je m'en vais. Je me ſens
d'une humeur . . .

Mad. GRAPIN.

Non, attendez : & puiſque l'occaſion s'en pré-
ſente ſi naturellement, je vais vous inſtruire des
choſes telles qu'elles ſont.

M. DE LA CALE.

Eh bien, voyons donc ces choſes telles qu'elles
ſont. En vérité il faut avoir bien de la patience.

Mad. GRAPIN.

Je vous dirai d'abord que le Chevalier n'eſt nullement amoureux de Madame Sirotin.

M. DE LA CALE.

Vraiment, je le ſçais bien ; & il ne s'agit pas de
cela. Je vous dis ſeulement qu'il l'épouſe.

Mad. GRAPIN.

Pas plus. Ma ſœur eſt inſtruite de tout, ainſi que
moi, & elle a dû vous dire que les aſſiduités du

C ij

Chevalier & les soins qu'il prend, ne font que pour moi.

M. DE LA CALE.

Pour vous ! en voilà bien d'un autre.

Mad. GRAPIN.

Oui , pour moi. Je me suis trop avancée pour ne pas achever. Sçachez donc que c'est moi que le Chevalier aime; que c'est à moi que ses visites sont adressées , & que c'est moi qu'il épouse.

M. DE LA CALE.

Quel diable de galimathias me faites-vous là ? Quoi ! vous voulez toutes deux épouser le même homme, & à quarante ans passés, encore ?

Mad. GRAPIN.

Quarante ans ! mon Dieu , que vous avez des termes choquans !

M. DE LA CALE.

Ce font les quarante ans eux-mêmes qui, je crois, vous choquent le plus.

Mad. GRAPIN.

Enfin si vous sçaviez le point où nous en sommes le Chevalier & moi . . . .

M. DE LA CALE.

Non , je ne suis point du tout curieux de sçavoir ce point-là. Mais je voudrois vous faire entendre raison. Vous mettez-vous dans la tête que, si le Chevalier pense sérieusement à l'une de vous deux, je suppose que ce soit à vous, ce sera pour vos beaux yeux ?

Mad. GRAPIN.

Mais nous sçavons ce qu'on pense de nous.

M. DE LA CALE.

Ne voyez-vous pas qu'il ne vous tiendra pas
plutôt, qu'il s'emparera du meilleur de votre bien,
& ira jouir ailleurs de vos revenus. Si vous étiez
plus jeune d'une vingtaine d'années, alors . . . .
on verroit . . . à la bonne heure.

Mad. GRAPIN.

En vérité, vous êtes bien dur.

M. DE LA CALE.

Mais en vérité aussi, vous êtes bien aveugle &
bien ridicule. Il est homme à vendre ou à engager
vos maisons, à manger vos Negres, vos canots
passagers; il ne vous laissera pas un aviron.

SCENE III.

Le Chev. de FATINCOURT, Mad. GRAPIN,
M. DE LA CALE.

Mad. GRAPIN.

VOus voilà fort à propos, Chevalier, approchez; venez me justifier auprès de mon frere; venez vous justifier vous-même. On veut vous faire
passer pour un imposteur, pour un volage, pour un
dissipateur, pour un homme qui se feroit un jeu de
tromper une honnête femme.

Le Chevalier.

Mon Dieu! quel sentiment on me prête-là!

Mad. Grapin.

Mon frere, depuis un quart d'heure, veut me

perſuader que vous êtes ſur le point de conclure
avec Madame Sirotin ma ſœur. Ah parlez, Chevalier, ſoyez aſſez franc pour me l'avouer plutôt
que plûtard: je ferai aſſez généreuſe, moi, pour
vous le pardonner, ſi vous y trouvez votre bonheur.

LE CHEVALIER.

Je ne ſçais en honneur pas ce que vous me voulez dire.

Mad. GRAPIN.

Vous voyez bien, mon frere : ne connois-je pas
bien les intentions de Monſieur ?

M. DE LA CALE.

Quoi, Monſieur, il n'eſt pas vrai que vous ayez
pris des arrangemens avec Madame Sirotin ? Il n'eſt
pas vrai que vous l'aimiez, ou du moins que vous
le feigniez ? Il n'eſt pas vrai qu'elle ſoit venue me
parler de ſe marier avec vous ?

LE CHEVALIER.

Tout cela eſt une énigme pour moi. Mais je ne
croyois pas être ſi bien dans les bonnes graces de
Madame Sirotin.

M. DE LA CALE.

Il faut donc qu'elle ſoit une grande folle ; & j'ai
bien peur qu'elle ne ſoit pas la ſeule de ma famille ;
car voilà ma ſœur qui vient auſſi me dire des choſes que j'ai peine à croire.

LE CHEVALIER (à part.)

Où tout cela va-t-il aboutir ?

Mad. GRAPIN.

Allons, Chevalier, j'ai tout dit à mon frere ; ne

craignez pas de lui donner les explications néceſ-
ſaires.

LE CHEVALIER.

Quelles explications puis-je lui donner ? j'en
ai beſoin moi-même.

M. DE LA CALE.

Tenez, Monſieur, voici le fait. Mes deux ſœurs
viennent de me tenir l'une & l'autre le même lan-
gage ſur votre compte ; que vous àvez ſur elles des
vues ſérieuſes , & que vous êtes ſur le point de
conclure un mariage avec chacune. L'une d'elles
peut avoir raiſon; mais toutes deux, c'eſt impoſſi-
ble.

LE CHEVALIER.

Madame Sirotin me ſurprend beaucoup , & je
ne m'attendois pas au bonheur dont elle veut m'ho-
norer. Je ne crois pas y avoir donné lieu. Des égards
généraux que l'on doit au ſexe ; l'eſtime que j'ai
pour elle ; la conſidération où je la tiens de vous
toucher de ſi près ; des propos de pure galanterie ;
voilà peut-être ce qu'elle aura pris pour de l'amour
& pour des prétentions ſur ſa perſonne.

Mad. GRAPIN.

Eh bien, avois-je tort? Allons, Chevalier, con-
tinuez de l'inſtruire de tout. Pour moi je me retire;
en vous entendant parler de moi, comme vous le
devez faire, je craindrois d'avoir trop à rougir.

SCENE IV.

Le Chev. de FATINCOURT, M. DE LA CALE.

M. DE LA CALE (*à part.*)

CEs deux femmes-là ont projetté de me ruiner. Si bien donc, Monsieur, que c'est Madame Sirotin qui extravague, & que dans tout ceci c'est Madame Grapin qui a raison.

LE CHEVALIER.

(*à part.*) Il n'y a plus moyen de reculer. Au reste l'affaire peut être bonne. (*haut.*) Je vous avouerai que je fais de Madame Grapin une grande différence. Son mérite, ses vertus . . .

M. DE LA CALE.

Oui, son mérite, ses vertus, & ses charmes aussi peut-être, vous ont inspiré de l'amour, n'est-ce pas?

LE CHEVALIER.

Ce sera tout ce que vous voudrez; mais j'ai conçu pour elle une amitié bien tendre, sans cependant avoir prétendu jusqu'à sa main. Je craignois que l'idée de mariage ne l'effarouchât ; mais puisqu'elle n'y répugne pas, & qu'elle veut bien jetter sur moi les yeux, peut-être seroit-il malhonnête de ne pas accepter ses offres.

M. DE LA CALE.

(*à part.*) Cela me paroît sérieux. (*haut.*) Mais y pensez-vous ? Quoi, vous iriez vous ensevelir auprès de Madame Grapin ?

Le Chevalier.

Pourquoi pas ? n'a-t-elle pas tout ce qu'il faut pour plaire ? & puis . . . vous le dirai-je ? . . . . la jeuneffe fe paffe ; je vois que tôt ou tard il faut fe fixer, & je ne fçaurois mieux choifir. Je fens bien qu'elle n'eft plus à la fleur de l'âge, malgré cela . . .

M. DE LA CALE.

Et parbleu, c'eft pour cela que je dis. Si c'étoit une femme ou une fille de . . . .

Le Chevalier.

Vraiment il ne tiendroit qu'à moi d'en avoir de plus jeunes. La petite Cécile d'ici près, par exemple, . . . je n'aurois qu'à parler, ce feroit une affaire faite. Mais vous connoiffez le monde ; il faut refpecter fes préjugés. Vous avez entendu parler des affiduités & des familiarités mêmes, à ce qu'on dit, de plufieurs Officiers de la garnifon auprès d'elle & de fa fœur. Ils faififfoient fur-tout le tems de la maladie de leur mere, & cela fait jafer. Ce n'eft pas que je penfe rien à leur défavantage . . . mais . . . J'en fuis fâché pour elles. Je fuis là deffus d'une délicateffe . . . *Centpourcent* me donneroit fa fille, fi je la voulois. Elle eft jolie, & lui affez riche ; mais le commerce l'a moins enrichi que fes ufures, & cela ne me convient pas. Il n'y a pas plus d'un mois qu'on me parla auffi de la fille de *Latarre*, & ce fut la réputation du pere qui m'a empêché de jetter les yeux fur elle. Le bien qu'il a, vous le fçavez comme moi, c'eft celui de quantité d'habitans dont il profite de la négligence, & qu'il ruine ; je ne veux pas partager leurs dépouilles. Je vous en citerois une demi-douzaine comme cela, qui me furent propofées, je vous le dis fous le fecret, &

dont différentes raifons m'ont détourné de même.
Il y a bien des gens qui n'auront pas tant de fcru-
pule; mais c'eft plus fort que moi.

M. DE LA CALE.

C'eft fort bien penfé. Mais dites-moi : fi vous
aviez à choifir entre Madame Grapin & une jeune
fille, aimable, & jolie paffablement, riche au
moins autant que ma fœur, & qui n'auroit pas con-
tr'elle les fujets de refus qui vous ont détourné de
celles dont vous me parlez; pour qui vous décide-
riez-vous?

LE CHEVALIER.

(à part.) Où en veut-il venir? (haut.) Eh mais,
vous m'embarraffez. C'eft felon : fi cette jeune perfonne, aimable & jolie, comme vous le dités,
m'infpiroit des fentimens plus vifs que ceux que j'ai
pour Madame Grapin; fi elle paroiffoit s'attacher
à moi comme je le pourrois faire à elle, elle méri-
teroit fans doute la préférence. (à part.) Je crois
le deviner.

M. DE LA CALE.

Dans ce cas-là choififfez de ma fœur ou de ma
fille; car c'eft d'elle que je veux vous parler.
(à part.) Je m'offrirois plutôt moi-même, que de
fouffrir que le bien de mes fœurs fortît de la famille.

LE CHEVALIER.

Voilà affurément qui me flatte beaucoup, & le
choix n'eft pas difficile à faire; mais jeune & aimable comme elle eft, peut-être un autre a-t-il déja
pris les devants.

M. DE LA CALE.

Non, non : ne craignez rien; j'en réponds. Elle

fort du couvent ; à qui voudriez-vous qu'elle fe fût attachée déja ?

Le Chevalier.

C'est que vous fentez quel défagrément ce feroit pour moi de faire des démarches & des avances infructueufes. Franchement je ne fuis pas accoutumé à ces perfonnages-là. Ainfi, comme pour un mari il ne faut pas tant de façons, fi vous vouliez la prévenir, & la fonder là-deffus, je vous ferois fort obligé. Cela m'épargneroit une fcene, déplaifante peut-être.

S C E N E V.

MÉLITE , le Chevalier de FATINCOURT , M. DE LA CALE.

Mélite (à part.)

MON oncle & le Chevalier font en converfation bien myftérieufe.

M. DE LA CALE au Chevalier.

A la bonheur, je me chargerai volontiers de lui en dire deux mots. Quant aux conditions du mariage , nous n'aurons pas, je crois, de difficultés.

Mélite (à part.)

De mariage ! ah ah ! le Chevalier lui auroit-il parlé de moi ?

M. DE LA CALE.

Son bien eft clair & net ; mais je ne m'en tiendrai pas à ce qui lui reviendra de droit : j'y veux encore ajouter quelque chofe.

MÉLITE (*à part.*)

L'honnête parent ! comme il aime fa famille !

M. DE LA CALE.

Vous fçavez en outre que mes fœurs font riches, & qu'un jour . . .

LE CHEVALIER.

Ne me parlez pas de cela, de grace : vous me piquez fenfiblement, & je ferois fâché que vous me confondiffiez avec tant d'autres qui ne font conduits que par l'intérêt dans les mariages qu'ils contractent.

MÉLITE (*à part.*)

Les beaux fentimens ! on diftingue en tout un homme de naiffance.

M. DE LA CALE.

Ce n'eft pas que je ne vous croie l'ame fort défintéreffée ; mais c'eft que le plaifir & l'honneur d'avoir dans ma famille un homme de votre mérite . . . . .

LE CHEVALIER.

Eh ! Monfieur, oubliez-vous donc que je vais devenir, pour ainfi dire, votre fils ?

MÉLITE (*à part.*)

Pour ainfi dire fon fils ! c'eft bien clair.

M. DE LA CALE.

Pour ne pas faire traîner les chofes en longueur, je vais tout-à-l'heure l'appeller.

MÉLITE.

Difpenfez-vous d'appeller perfonne, mon oncle : me voici, & j'ai tout entendu.

M. DE LA CALE.

Si vous avez tout entendu, ce n'étoit pas mon intention ; mais cela n'empêche pas de faire defcendre Rofalie, & de lui annoncer mes volontés.

MÉLITE.

Il feroit à propos, je crois, de garder le myftere jufqu'à ce que tout fût arrangé.

LE CHEVALIER.

Voilà encore du *quiproquo*. Ah les maudites femmes pour venir toujours à contretems !

M. DE LA CALE.

Nous garderons le myftere tant qu'il le faudra ; mais il eft bien naturel de la prévenir.

MÉLITE.

Je me charge moi de lui en faire confidence ; & je me flatte qu'elle s'intéreffe affez à mon bonheur . . . .

M. DE LA CALE.

Je ne vois là ni malheur, ni bonheur pour vous.

MÉLITE.

Ni bonheur, ni malheur pour moi ! quoi penfez-vous ? . . .

LE CHEVALIER.

Sans doute : c'eft que Monfieur veut dire . . . que . . . étant déja . . . dans un état fi heureux . . . & . . .

M. DE LA CALE.

Eh oui : à moins que vous ne vous intéreffiez, comme je le crois, affez vivement à . . .

LE CHEVALIER.

Vous connoiffez à Madame une fi bonne ame

elle porte fa famille dans fon cœur. Enfin tout eft dit là-deffus.

MÉLITE *à la Cale.*

Détrompez-vous : ce n'eft pas ici un de ces ma-riages . . .

LE CHEVALIER.

(*à Mélite.*) Cela fuffit ; Monfieur fçait à quoi s'en tenir. (*à la Cale.*) Votre derniere cargaifon eft bien affortie, & votre Capitaine . . .

M. DE LA CALE *brufquement.*

Ce n'eft pas un de ces mariages, ce n'eft pas un de ces mariages . . . Je fçais bien ce que j'ai fait en le propofant.

LE CHEVALIER *à la Cale.*

C'eft tout fimple. On dit que vous y avez de grand vin . . .

MÉLITE.

Non, ce n'eft pas un de ces mariages de pure convenance, & l'amour . . .

LE CHEVALIER *en voulant s'en aller.*
Oh quel entêtement !

MÉLITE *l'arrêtant.*

Où donc allez-vous, Chevalier ? Votre préfence eft ici néceffaire. (*à la Cale.*) L'amour avoit formé de fi beaux nœuds, avant que vous ayez confenti à ce qu'ils fuffent encore refferrés.

M. DE LA CALE.

Tout ce langage-là ne fert de rien.

MÉLITE.

Vous ne défavouez point ce que je dis ?

Le Chevalier.

Non, Madame, . . . je n'ai garde. Mais pour en revenir . . .

Mélite.

Eh bien parlez donc. Rien à préfent ne peut vous contraindre. Oui, il faut que ce foit vous pour me réfoudre à renoncer à une liberté fi douce que je goûte depuis deux ans.

Le Chevalier *embarraffé.*

Madame, en vérité . . . je fuis . . . tout péné-tré . . .

Mélite.

Je ne me croyois pas capable de prendre encore un engagement férieux ; je ne croyois pas tant de courage à mon ame. Puifque c'eft vous qui êtes caufe que je change de réfolution ; non, je ne dois pas m'en fçavoir mauvais gré.

M. de la Cale.

Miféricorde ! la tête a tourné à toute ma famille.

Le Chevalier.

Je fuis trop heureux, Madame ; mais je ne pen-fois pas que vous duffiez prendre à la lettre . . .

Mélite.

Ni moi non plus, je ne le penfois pas ; mais puif-que je me fuis fi avancée, mon parti eft pris. Il n'eft plus tems de m'en dédire. (*Elle fort.*)

Le Chevalier.

Si fait, Madame, fi fait ; il en eft encore tems, & fi vous voulez . . . La voilà bien loin.

SCENE VI.

M. DE LA CALE, le Chev. de FATINCOURT;

M. DE LA CALE.

JE voudrois bien ſçavoir ce que tout cela veut dire.

LE CHEVALIER.

Ne m'accuſez point, Monſieur, dans tout cela. Vous voyez qu'il y a un mal entendu, auquel je ne conçois rien.

M. DE LA CALE.

C'eſt aſſurément une maladie épidémique. Au reſte je veux bien ne pas m'arrêter à ces extravagantes-là; & pour ne pas perdre de vue mon premier objet . . . J'entends venir du monde; je parierois que c'eſt encore une de mes parentes qui veut vous épouſer. Bon, c'eſt ma fille : elle vient à propos.

LE CHEVALIER.

Je vous laiſſe avec elle, afin que vous ayez plus de liberté à lui parler; & je me ſoumets d'avance à tout ce que vous ferez.

SCENE VII.

M. DE LA CALE, ROSALIE.

M. DE LA CALE.

APProchez, ma fille; j'allois vous faire appeller.

ROSALIE.

Je viens vous apporter une lettre qu'on m'a remise pour vous.

M. DE LA CALE *prenant la lettre.*

C'est bon. J'ai des choses importantes à vous dire.

ROSALIE.

Elle est de M. le Général.

M. DE LA CALE.

Je verrai bien. Il est tems, ma fille, que vous fongiez . . .

ROSALIE.

On viendra tantôt chercher la réponse.

M. DE LA CALE.

Elle fera faite. Mais auparavant écoutez-moi. Vous devenez grande, Rosalie; & tout-à-l'heure vous allez avoir dix-fept ans. On ne peut pas toujours refter fille; il faut prendre un parti; & pour une fille le plutôt vaut le mieux.

ROSALIE.

Bon, mon pere, nous avons du tems à fonger à cela; rien ne preffe.

D

M. DE LA CALE.

Oh fans doute, vous tenez prefque toutes ce langage-là ; mais nous autres peres nous fçavons ce qu'il en faut croire. Il fe préfente aujourd'hui le plus avantageux parti qui fe puiffe trouver. Un homme aimable, fort recherché dans la fociété, pas autrement riche, fi vous voulez ; mais ce ne font pas les plus riches qui font les plus heureux en ménage.

ROSALIE.

Je le fçais bien. Auffi ce ne fera jamais le bien qui me réglera.

M. DE LA CALE.

C'eft un homme d'une ancienne nobleffe ...

ROSALIE (*à part.*)

Ah ! je vois bien que ce n'eft pas Fonval.

M. DE LA CALE.

Homme plein d'agrémens & de mérite, brave comme un Céfar, fçachant bien fon monde, un Européen, enfin M. de Fatincourt.

ROSALIE.

Quoi ! c'eft celui-là ? Non : j'en ferois bien fachée. C'eft le plus méchant, le plus indigne ....

M. DE LA CALE.

Plaît-il ? plaît-il ? c'eft comme cela que vous me répondez, petite mutine ?

ROSALIE.

Il n'a d'autres talens que de déchirer les perfonnes qui lui ont rendu le plus de fervices. Sa langue n'épargne perfonne, pas même vous, ni votre famille : je le tiens de bonne part. S'il a de la bravou-

re, c'eſt le premier mérite de ſon état. Une eſpece
d'aventurier, dont les ſentimens font honte au
Corps où il eſt entré ; qui eſt venu ici, on ne ſçait
ni comment, ni pourquoi, & qui ne ſçauroit inſpi-
rer à une honnête femme que le plus grand mépris.

M. DE LA CALE.

Je voudrois bien ſçavoir qui vous a fourré tout
cela dans la tête. Ce ne font pas vos tantes, j'en
ſuis ſûr, non plus que votre couſine. Je ſuis bien
malheureux ! Les autres veulent à toutes forces,
& malgré moi l'avoir, & celle-ci, à qui je voudrois le donner, s'obſtine à n'en vouloir pas.

ROSALIE.

Ah ! ne déchirez pas mon cœur en voulant le
gêner. Je ſens que j'ai une répugnance extrême à
m'unir à un homme que je n'aime point. Que ne
me laiſſez-vous choiſir quelqu'un du même état que
vous, dont les inclinations répondroient aux mien-
nes? avec qui je ſerois heureuſe de vivre, & qui
me devroit auſſi la douceur de ſes jours, qui vous
chériroit comme ſon propre pere, qui vivant, ainſi
que moi, dans la même maiſon que vous, ſeroit
ſans ceſſe . . . . .

M. DE LA CALE.

Tarare ! diſcours d'enfans que tout cela. Vous
verrez dans quelques années d'ici que tout ce bel
amour-là s'en va, & que ce n'eſt pas lui qui eſt le
plus eſſentiel pour faire un bon mariage.

ROSALIE.

Laiſſons donc venir ces années-là, & attendons
pour que j'épouſe M. de Fatincourt, que le tems
m'ait fait changer de ſentimens.

M. DE LA CALE.

Non, je n'attends rien. Je vous donne seulement quelques jours pour faire vos réflexions. Voyons un peu ce que me veut cette lettre. (*en l'ouvrant.*) Si vous sçaviez l'obligation que j'aurai, ainsi que vous, à ses soins & à son zele ! (*Il prend un fauteuil, & lit.*)

ROSALIE (*à part & haut.*)

Non, rien ne pourra m'y résoudre. Si je ne suis pas assez heureuse pour épouser celui que j'aimerai, jamais du moins je n'épouserai quelqu'un que je n'estimerai pas. (*bas.*) Ah Fonval, c'est à présent que je sens combien je vous aime !

M. DE LA CALE *criant de toute sa force.*

Ma sœur, Mélite, Madame Sirotin, Madame Grapin, ma fille, ma niece, venez vîte, à moi, descendez.

ROSALIE.

Qu'avez-vous donc, mon pere, me voilà.

M. DE LA CALE *criant toujours.*

Antoine, Jean-Baptiste, venez ici : Madame Grapin, Rosalie, tout le monde, Thomas, Ursule, venez tous ici.

ROSALIE.

Mais dites-moi donc ce que vous avez, vous trouvez-vous mal ? Me voilà.

S C E N E   V I I I.

Mad. SIROTIN, Mad. GRAPIN, M. DE LA CALE, MÉLITE, ROSALIE.

MÉLITE *voyant M. de la Cale assis dans un fauteuil.*

Victoire, apportez de l'eau : mon oncle se trouve mal.

Mad. SIROTIN.

Marie-Rose,(a) portez p'tit brin vinaigre, vous tendé.

Les Domestiques accourent : l'un apporte un pot à l'eau, l'autre une carafe à vinaigre, l'autre une serviette ; un autre ôte le col à M. de la Cale ; Madame Sirotin lui met le vinaigrier sous le nez.

M. DE LA CALE *se levant brusquement.*

Qu'est-ce que c'est que tout cela ? qu'est-ce que tout cela veut dire ? Il faut qu'il y ait un sort jetté aujourd'hui sur ma maison.

Mad. GRAPIN.

Mon Dieu ! mon frere, vous nous avez fait peur. Nous avons cru qu'il vous étoit arrivé quelque accident, tant vous criiez fort.

M. DE LA CALE.

Que tout cela finisse. Vous voyez bien cette lettre ? c'est pour vous la lire que je vous ai appellées : elle est de M. le Général ; écoutez :

J'ai eu l'honneur, Monsieur, de recevoir une lettre du Ministre, qui me marque que le Roi est content de

(a) Ceci est un patois Negre.

D iij

vos services, tant en France qu'ici; qu'en conséquence il vient de vous nommer Chevalier de S. Louis. Je suis charmé d'apprendre une si bonne nouvelle, & suis impatient de vous la faire parvenir. Recevez-en mon compliment bien sincere.

Depuis long-tems j'attendois cela sans vous en rien dire. Eh bien avois-je tort de vous faire venir ?

Mad. GRAPIN.

Cela me paroît bien surprenant ; mais qui sont donc les services que vous avez rendus au Roi ?

M. DE LA CALE.

Comment, depuis plus de vingt ans ne suis-je pas (*a*) Gendarme ?

Mad. GRAPIN.

C'est fort heureux pour votre santé, & cela nous a souvent tranquillisées sur votre compte. Mais si vous l'êtes, c'est à-peu-près malgré vous ; & sont-ce là tous vos titres ?

M. DE LA CALE.

N'ai-je pas armé pendant la guerre, soit ici, soit à Bordeaux, quantité de Corsaires qui ont fait des merveilles ? Cela est venu aux oreilles du Roi, & il m'en récompense.

Mad. GRAPIN.

Vous n'aviez, ce me semble, en armant tous ces Corsaires-là, d'autre but que de gagner de l'argent ; & ce que je trouve de plus heureux pour vous là dedans, c'est d'avoir amassé deux cens mille écus à ce beau métier-là.

_____

(*a*) Il y a dans la milice de l'isle un Corps de cavalerie qui n'est composé que de Négocians. C'est ce qu'on appelle la compagnie des Gendarmes.

M. DE LA CALE.

Quelle tête ! vous allez voir tout-à-l'heure que le Roi ne fçavoit ce qu'il faifoit en m'accordant la Croix de S. Louis, comme fi cela fe donnoit pour des prunes, là ... à des gens qui ne le méritent pas. Ce que c'eft que les femmes ! (*aux Negres.*) Allez-vous-en, vous autres, à ce que vous faifiez, & dites ce que vous venez d'entendre.

(*Les Negres fortent.*)

(*à Rofalie.*)

Tu vois, ma fille, fi je pouvois honnêtement choifir au-deffous de celui que je t'ai propofé. Tu vas te voir par là, fille, femme & mere fans doute de Chevaliers.

ROSALIE.

Les honneurs ne me touchent guère.

M. DE LA CALE.

Si tu fçavois, petite imbécile, qui eft-ce qui a eu la complaifance de faire valoir mes fervices, & de m'en tirer parti ? Si tu fçavois à qui j'ai tant d'obligation ! . . . Holà ! Jean-Baptifte, qu'on m'arrête un canot pour me mener au Fort (a) Royal.

(*Il fort.*)

(a) C'eft la réfidence du Gouverneur.

D iv

SCENE IX.

Mad. SIROTIN , Mad. GRAPIN , MÉLITE ,
ROSALIE.

MÉLITE.

LE Chevalier fera, je crois, bien charmé de
cette nouvelle-là. L'intérêt vif qu'il prend à mes
plaisirs l'y rendra bien fensible.

Mad. GRAPIN.

L'intérêt vif qu'il prend à vos plaisirs , ma niece!
je ne m'attendois pas à celui-là , & vous ménagez
bien peu vos expreffions.

MÉLITE.

Je vous dois beaucoup , mes tantes , mais permettez-moi d'attendre quelques jours , avant de
vous annoncer certaines chofes . . .

Mad. GRAPIN.

Dans peu auffi vous fçaurez certaine réfolution
que j'ai prife.

Mad. SIROTIN.

Oui, oui; patience , ma niece , patience. Avec
le tems vous fçaurez ce que j'ai envie de faire.

SCENE X.

ROSALIE *seule.*

QUE je fuis malheureufe ! . . . Mais après tout pourquoi me chagriner ? on ne fçauroit me marier malgré moi. Moi, époufer le Chevalier de Fatincourt ! Eh à quoi me ferviroit d'avoir un cœur honnête & fenfible ? Non, j'aimerois autant mourir.

SCENE XI.

FONVAL, ROSALIE.

FONVAL.

M. DE la Cale vient de recevoir une nouvelle qui me fait beaucoup de plaifir. J'y prends part, on ne peut pas davantage, & la joie . . . .

ROSALIE *d'un air ironique.*

Vous paroiffez en effet fort joyeux.

FONVAL.

J'ái auffi, d'un autre côté, fujet d'être affligé ; & l'on vient de me charger d'une commiffion qui ne m'amufe point du tout. Mais vous-même vous êtes plus trifte que vous n'imaginez devoir l'être.

ROSALIE.

J'en ai plus fujet que vous ne croyez.

FONVAL.

Oh! non, si vous sçaviez . . . .

ROSALIE.

Si vous sçaviez aussi ce qu'on vient de me dire ! . .

FONVAL.

Si je m'acquittois de ma commission ! . . . On veut que je persuade au Chevalier de Fatincourt que personne ne lui convient mieux que vous, & que je l'engage à vous épouser.

ROSALIE.

On m'a dit à-peu-près la même chose.

FONVAL.

Quoi, il vous en a déja parlé ?

ROSALIE.

Oui, & mon parti est pris.

FONVAL.

Comment ?

ROSALIE.

Vous l'ignorez ? je ne l'épouserai pas.

FONVAL.

Je le crois ; mais entêté, comme l'est votre pere du Chevalier, vous serez souvent importunée par lui.

ROSALIE.

Je prendrai patience. J'implorerai mes tantes ; je les lui ferai parler ; peut-être enfin se dégoûtera-t-il de cet homme-là. Dissimulons toujours : ce n'est pas le tems de lui rien faire connoître. J'entends venir le Chevalier ; je vous laisse avec lui. Je serois au désespoir qu'il nous vît ensemble. Je me contentois auparavant de le mépriser ; & à présent je sens que je le hais.

S C E N E XII.

Le Chev. de FATINCOURT, FONVAL.

LE CHEVALIER.

J'AI à te dire, mon ami, bien des choses qui nous regardent tous deux. Je me marie.

FONVAL.

Je ne vois là rien qui me regarde.

LE CHEVALIER.

Oh! un petit moment. C'est que tu t'imagines peut-être que c'est avec mes veuves? point du tout: c'est avec Rosalie; oui avec elle. C'est t'annoncer cela un peu brusquement. J'aurois dû faire venir les choses de loin pour t'épargner la surprise; mais . . . . comment tu ne te trouves pas mal? tu ne te récries pas seulement?

FONVAL.

Il faut bien prendre son parti.

LE CHEVALIER.

Tu as raison; car enfin il faut avoir un peu de conscience, & ne lui pas faire perdre son tems. Tu ne l'aimes pas: tu ne vises pas au grand sérieux avec elle; ainsi ne l'importune pas davantage de tes assiduités: ce seroit l'amuser inutilement; & tu ne voudrois pas nuire à son établissement.

FONVAL.

J'en serois au désespoir.

LE CHEVALIER.

Si bien donc que tu donnes ta démiſſion?

FONVAL.

Par écrit, ſi tu l'exiges, & ſi tu lui conviens.

LE CHEVALIER.

Si je lui conviens? belle demande! C'eſt comme une affaire faite, & c'eſt le bon homme lui-même qui me l'a offerte à moi parlant. Mais ton procédé loyal me touche; je veux te faire voir que je n'ai pas le cœur moins bien placé que toi; je te donne permiſſion, moi marié, de venir faire ta cour à ma femme.

FONVAL.

Oh! point certainement. Si jamais . . . .

LE CHEVALIER.

Non, ſans façon, je t'y invite. Je ſerois bien fâché que tu me cruſſes jaloux. Tu entreras, tu ſortiras de chez moi en tout tems, & comme il te plaira. Je t'en donne le privilege; je te dois ces égards-là.

FONVAL.

Sois certain que j'aurois trop de reſpeēt . . . .

LE CHEVALIER.

Bon du reſpeēt! Ce ton-là me feroit douter de ce que tu voudrois dire.

FONVAL.

Mais ſi fait, les bienſéances . . .

LE CHEVALIER.

A la bonne heure: les bienſéances ſont quelque choſe; mais voilà tout. Du reſte je te donne le champ libre. J'aurai la main & la bourſe, & je ſuis content.

FONVAL (*à part.*)

Quels fentimens !

LE CHEVALIER.

Tu croyois peut-être, parce que je fçavois que tu tâchois de te mettre en pied auprès d'elle, que je te verrois d'un mauvais œil quand elle feroit ma femme ? Quelle folie ! C'eft précifément à caufe de cela, & pour t'ôter toute idée défavantageufe fur mon compte, que je t'engage à faire comme fi de rien n'étoit ; je l'exige même.

FONVAL.

Je vois quelqu'un qui a l'air de t'en vouloir. C'eft pour affaire peut-être ; je vous laiffe enfemble.

S C E N E XIII.

Le Chev. de FATINCOURT, un Domeftique blanc.

Le Domeftique.

J'AI couru, Monfieur, tout le mouillage (*a*) pour vous joindre. J'ai été dans toutes les maifons où l'on m'a dit qu'on donnoit à dîner aujourd'hui, & où l'on tient meilleure table ; je ne vous ai trouvé dans aucune ; j'en ai été furpris. J'ai été chez plufieurs femmes qui cherchent à fe former le ton aux dépens de leur réputation, & l'on m'a adreffé ici à tout hazard. J'y fuis déja venu une fois ; j'aurois pu en même tems faire la commiffion qui vous regarde.

(*a*) Le mouillage eft un quartier de Saint-Pierre.

Le Chevalier.

Je suis fâché de tant de peine. Qu'y a-t-il?

Le Domestique.

C'est une lettre de M. le Marquis.

Le Chevalier.

Bon: donnez.

Le Domestique *remettant la lettre.*

Ce sont, je crois, de bonnes nouvelles qu'il y a dedans.

Le Chevalier.

Je me doute de ce que ce peut être.

Le Domestique.

Je reviendrai tantôt chercher votre réponse, avant de partir.

SCENE XIV.

Le Chevalier *seul.*

VOYONS un peu. C'est apparemment le succès de ma sollicitation à la Cour qu'il m'annonce. (*Il lit.*) Oh, oh ! assurément cette lettre n'est pas pour moi. L'adresse pourtant me regarde; mais c'est tout : je n'y entends rien.

(*Il lit haut.*)

Je suis fort mécontent, Monsieur, du dernier vin que vous m'avez envoyé. Vous me le faites payer cher à l'excès ; je n'ai rien à dire là-dessus ; mais il ne vaut pas le diable, & c'est ce qui me pique. Envoyez m'en d'autre par Ducoulis, mon Maître d'hôtel, qui le

*goûtera. Donnez-lui auſſi les autres proviſions qu'il
vous dira, & que vous payerez. Ayez, je vous prie,
dorénavant la bonté de me mieux ſervir.*

Depuis quand ſuis-je devenu commiſſionnaire ?
On s'eſt trompé d'adreſſe à coup ſûr. Où puis-je
maintenant trouver ce M. Ducoulis, qui m'apporte
de ſi bonnes nouvelles ? Faiſons-le chercher par-
tout pour lui rendre ſa lettre. Qu'il aille goûter ſon
vin tout ſeul, & chercher qui le paye à ma place,
J'ai bien de la peine à payer le mien.

Fin du ſecond Acte.

ACTE III.

SCENE PREMIERE.

MÉLITE, le Chev. de FATINCOURT.

MÉLITE.

JE vous vois à propos, Chevalier, & je veux
rire avec vous de bon cœur. Le public, qui n'at-
tend jamais qu'on l'inftruife tout-à-fait, & qui veut
toujours deviner, fçachant en gros que vous allez
vous marier, ne fe donne pas le tems qu'on lui dife
avec qui. Les uns vous donnent Madame Grapin,
les autres Madame Sirotin; quelques-uns auffi me
font la grace de me nommer. Mais voyez un peu où
ils vont chercher tous ces contes-là ! Il faut avoir
bien envie de babiller.

LE CHEVALIER.

(*à part.*) Ma foi, puifque m'y voilà, j'ai envie
de l'expédier. (*haut.*) Ils ont bien tort en vérité.
J'ai fait fur le mariage de longues réflexions, &
pour que je m'y puiffe réfoudre, il faut un bien net,
d'une prompte défaite & d'un tranfport facile.

MÉLITE.

Vous avez raifon ; & c'eft ainfi qu'eft le mien.
Mon oncle a dû vous le dire.

LE CHEVALIER.

Il me le faut auffi proportionné au rang que je
dois

dois tenir dans ma province, où malheureusement je suis obligé à une certaine figure.

MÉLITE.

Certaine figure ! Oh la douce obligation ! Dépêchons-nous, Chevalier. Vendons : partons : retirons-nous sur nos terres : faisons promptement cette certaine figure.

LE CHEVALIER.

Oh rien ne presse encore, Madame, il y a bien des choses à dire auparavant.

MÉLITE.

Et qu'y a-t-il donc tant à dire ?

LE CHEVALIER.

Bon, Madame, est-ce que vous voudriez donner aussi dans ce ridicule-là ?

MÉLITE.

Quel ridicule ?

LE CHEVALIER.

Je croyois que le voyage de France vous avoit plus profité.

MÉLITE.

Que voulez-vous dire ?

LE CHEVALIER.

Est-ce que la maladie du pays vous a aussi gagnée ?

MÉLITE.

Quelle maladie ? expliquez-vous donc.

LE CHEVALIER.

Est-ce que sérieusement vous consenteriez à vous marier ?

E

MÉLITE.

A quoi ne confentiroit-on pas avec ce qu'on aime ?

LE CHEVALIER.

C'eft bien flatteur ; mais en vérité . . . . . vous m'embarraffez.

MÉLITE.

En quoi ?

LE CHEVALIER.

Mon Dieu ! que n'avez-vous parlé plutôt ! . . . Je fuis au défefpoir . . . . Mais auffi qui pouvoit deviner que vous étiez de cette humeur-là ?

MÉLITE.

Vous me faites frémir. Achevez.

LE CHEVALIER.

Vous fçavez combien je fuis franc & fincere . . . & je me trouve engagé dans une explication qui me chagrine cruellement . . . Mais auffi c'eft votre faute.

MÉLITE.

Ma faute ! eh comment ? Je fouffre le martyre.

LE CHEVALIER.

Eh bien, Madame, je fuis aujourd'hui forcé à faire un mariage qui me défole.

MÉLITE.

Vous êtes forcé ! Il y a donc des accidens bien irrémédiables ?

LE CHEVALIER.

Non : il n'y a pas autrement d'accidens; mais la perfonne qui m'y engage, eft un homme que je conſidere au dernier point. Je lui ai des obligations qui m'empêchent de lui rien refuſer.

MÉLITE.

Dieu ! quel eſt donc cet homme ?

LE CHEVALIER.

Monſieur de la Cale.

MÉLITE.

C'eſt mon oncle ! Quoi, n'étoit-ce pas de moi que vous vous entreteniez, quand vous parliez de mariage ?

LE CHEVALIER.

Point du tout : c'étoit de ſa fille.

MÉLITE.

De Roſalie ! vous vous moquez.

LE CHEVALIER.

Non : c'eſt très-ſérieux. Mais auſſi que ne parliez vous ?

MÉLITE.

Ah, Chevalier, ſont-ce là les promeſſes que vous m'avez faites ?

LE CHEVALIER.

Oh des promeſſes, Madame ! c'eſt un peu fort. Je vous ai juré, il eſt vrai, que je vous aimois : je ſuis prêt à vous le jurer encore ; peut-être même vous aimerai-je toujours : (*avec un attendriſſement feint.*) & c'eſt ce qui fera mon malheur.

MÉLITE.

O Ciel ! comme j'ai été trompée !

LE CHEVALIER.

Non pas par moi. Mais au reſte je ne vois pas là

de quoi tant vous affliger. Les chofes resteront dans le même état : nous nous aimerons ni plus ni moins : j'épouferai cependant Rofalie, puisque je ne sçaurois reculer ; mais mon cœur fera toujours . . . .
(*Il veut lui prendre la main.*)

MÉLITE.

Non, traître, retirez-vous. Je vous oublie pour jamais ; & s'il m'arrive encore d'avoir quelque fouvenir de vous, ce fera le mépris qui me le tracera.

LE CHEVALIER.

Quoi ! c'est fur ce ton-là que vous prenez . . .

MÉLITE.

Je vois à qui j'ai eu affaire, & vous m'ouvrez les yeux. J'ai été votre dupe, j'en conviens, parce que je n'appercevois en vous que des ridicules que j'excufois, ou plutôt que j'applaudiffois ; mais je ne voyois pas dans votre cœur toutes les noirceurs & toutes les baffeffes d'un monftre.

LE CHEVALIER.

Je ne vous conçois pas. Comment vous vous . . .

MÉLITE.

Je me flatte que je ne ferai pas la feule qui vous chargerai de mon indignation. Les honnêtes gens, je le vois à préfent, vous évitent déja ; & je ne doute pas que vous ne foyez un jour méprifé par ceux même qui méritent auffi de l'être.

(*Elle fort.*)

LE CHEVALIER.

Mais, Madame, pour une femme d'efprit, comment fe peut-il ? . . .

S C E N E   I I.

Le Chevalier de FATINCOURT *seul.*

ET d'une de congédiée : m'en voilà bien maudit. Les deux autres, je crois, ne me ménageront pas davantage. Ce font de mauvais momens à paffer, & je voudrois en être déja quitte, ou que quelqu'un fe chargeât de les avertir de prendre leur parti. Ma foi je joue de malheur : les voilà toutes deux à la fois.

S C E N E   I I I.

Mad. SIROTIN, Mad. GRAPIN, le Chevalier de FATINCOURT.

Mad. SIROTIN *à Mad. Grapin.*

BON, le voilà juftement !

Mad. GRAPIN.

Eh bien, ma fœur, vous allez être fatisfaite. L'affaire va être décidée. Nous avons à rougir, Monfieur, de la démarche que nous faifons auprès de vous, & d'avoir à vous demander des explications fur des chofes qui n'en ont pas befoin.

LE CHEVALIER *voulant s'en aller.*

Je fuis malheureux, Mefdames, que vous preniez ce moment-ci. Il faut abfolument . . . .

Mad. GRAPIN *l'arrêtant.*

Non, différez un inftant.

LE CHEVALIER.

C'eft une affaire de conféquence, qui . . . .

Mad. GRAPIN.

Vous l'irez faire après.

Mad. SIROTIN.

Sans doute, il faut parler auparavant.

Mad. GRAPIN.

Vous fçavez bien ce que vous m'avez dit tantôt?

LE CHEVALIER *voulant encore s'en aller.*

Je ne m'en fouviens d'honneur pas ; mais je me le rappellerai peut-être demain matin.

Mad. GRAPIN.

Non, vous allez vous en reffouvenir tout-à-l'heure. Quoi ! vous ne fongez plus à ce que vous m'avez dit en préfence de mon frere ?

LE CHEVALIER.

Vous ne m'avez feulement pas donné le tems de prononcer un mot.

Mad. SIROTIN.

Quand je vous le dis, ma fœur, je fuis fûre de mon fait.

Mad. GRAPIN.

Patience, patience. Ne m'avez-vous pas dit, Monfieur, que Madame Sirotin avoit tort de s'imaginer que vous fongiez à l'époufer ?

LE CHEVALIER.

Mais . . . .

Mad. GRAPIN.

Parlez, parlez, courage.

Mad. SIROTIN.

Voyons donc un peu cela, Monfieur le Chéva-
lier.

LE CHEVALIER.

Oui, je me fouviens à préfent d'avoir dit que
j'étois fort furpris que Madame ait voulu jetter les
yeux fur moi, & que je n'ofois prétendre au bonheur . . . .

Mad. GRAPIN.

Vous dites les chofes en biaifant ; mais n'importe : vous voyez, ma fœur, fi j'ai tort.

Mad. SIROTIN.

Je tombe de mon haut. Vous ne vous fouvenez
donc plus, Monfieur, de ce jour où vous m'avez
dit que vous n'étiez pas fait pour ma fœur ?

Mad. GRAPIN.

Vous avez dit cela, Monfieur ?

LE CHEVALIER.

Madame répete les chofes un peu crûment ;
mais . . . .

Mad. GRAPIN *hauffant la voix.*

Vous avez dit cela ?

LE CHEVALIER.

Hélas! à-peu-près.

Mad. SIROTIN.

Vous l'entendez.

Mad. GRAPIN *en colere.*

Vous avez dit cela ?

Le Chevalier.

Eh Madame, vous ai-je jamais dit le contraire?

Mad. Grapin.

Vous avez encore le front . . .

Le Chevalier.

Un petit moment: point de scandale. Expliquons-nous paisiblement.

Mad. Sirotin.

Vous ne disconvenez donc pas que vous avez dit de moi la même chose?

Le Chevalier.

Mais, avec votre permission, Mesdames, ne peut-on vous voir assidument sans vous promettre foi & mariage?

Mad. Sirotin.

Comment, en me proposant des arrangemens au sujet de mon habitation, ne m'avez-vous pas fait comprendre que nous allions finir ensemble?

Le Chevalier.

Bon, finir ensemble! vous comprenez bien mal.

Mad. Grapin.

Ne m'avez-vous pas donné des conseils sur la disposition de mes maisons, de mes Negres, sur l'emploi de mon argent?

Le Chevalier.

Sans doute, & c'étoit pour votre bien.

Mad. Grapin.

Eh bien, Monsieur, que pouvois-je conclure de tout cela? qu'est-ce que tout cela signifioit?

Le Chevalier.

Rien autre chofe finon que je m'intéreffois beaucoup à vos affaires.

Mad. Grapin.

C'eft donc à dire que vous nous avez jouées
toutes deux ?

Le Chevalier.

Vous appellez cela vous jouer ? Ce que c'eft que
d'avoir affaire à des ingrats !

Mad. Grapin.

Comment eft-il poffible de m'avoir flattée fi long-
tems, pour enfuite en agir ainfi ?

Mad. Sirotin.

Qui l'auroit cru capable de cela ? (*à part.*) Mais
je ne fuis pas la feule, & cela me confole.

Le Chevalier.

Si vous fçaviez dans quelle circonftance je me
trouve engagé, vous cefferiez de tant crier après
moi, fur-tout fi les defirs de Monfieur votre frere
vous touchent un peu. Pour moi, je fuis fi dévoué
à fes volontés, que je n'ai pu m'empêcher d'accepter fes offres. En conféquence j'époufe fa fille, qu'il
m'a fait l'honneur de me propofer. Voyez fi je puis
faire autrement; & d'ailleurs je ne fors pas de la
famille, tant j'y fuis attaché. Nous fommes lui &
moi d'accord de tout; je n'ai plus que votre confentement à obtenir.

Mad. Grapin.

Mon confentement! oh pour celui-là n'y comptez pas : vous n'aurez pas le mien.

Mad. Sirotin.

Ni le mien non plus.

.Mad. GRAPIN.

Moi je confentirois qu'un homme tel que vous
époufât ma niece ! un homme qu'on ne connoît ni
d'Eve ni d'Adam; qui peut-être . . . .

LE CHEVALIER.

Oh! d'abord que vous avez recours aux invecti-
ves, je n'en fuis plus.   (*Il fort.*)

SCENE IV.

Mad. GRAPIN, Mad. SIROTIN.

Mad. GRAPIN.

JE renonce à lui & à fes femblables.

Mad. SIROTIN.

Ah! ma fœur, pour qui nous difputions-nous
tant ?

Mad. GRAPIN.

Je vois quel étoit fon but en paroiffant fi em-
preffé pour nos intérêts: c'étoit une efpece d'inven-
taire qu'il faifoit de nos biens : il nous marchandoit.
Il croit, en prenant Rofalie, trouver un plus
grand avantage; mais il ne l'a pas encore, & nous
verrons.

SCENE V.

Mad. SIROTIN , Mad. GRAPIN , ROSALIE , FONVAL.

ROSALIE.

NOUS venons , mes tantes , vous implorer ...

Mad. GRAPIN.

Ah ! Mademoiselle , vous voilà ! C'est au sujet de votre mariage sans doute : il est bien tems de nous en parler.

ROSALIE.

Ah ! ma tante , si vous sçaviez . . . .

Mad. SIROTIN.

Non , il n'y a pas de ma tante qui tienne.

FONVAL.

Quoi ! Madame , vous ne trouvez donc pas bon . . . .

Mad. GRAPIN.

Non , Monsieur : puisqu'il faut vous le dire. Elle peut se marier tant qu'elle voudra ; mais nous n'y consentons ni l'une ni l'autre.

FONVAL.

Par quel malheur ai-je pu . . . .

Mad. GRAPIN.

Je sçais , Monsieur , que vous êtes l'ami du Chevalier ; mais cela est inutile.

FONVAL.

Moi, l'ami du Chevalier ! on s'imagine, parce que je fuis affez libre avec lui, . . .

Mad. SIROTIN.

Non, tout cela ne fert de rien.

ROSALIE.

Nous comptions avoir votre appui ; mais puifque vous ne voulez pas nous l'accorder . . .

Mad. GRAPIN.

Vous ne l'aurez pas, je vous le protefte. Vous aviez déja, je fuis fure, jetté un dévolu fur notre bien ; mais vous efpérez tous les deux en vain.

Mad. SIROTIN.

Je prendrai auffi fi bien mes précautions, que, fi ce mariage fe fait, vous n'en toucherez pas un fou.

ROSALIE.

Mon Dieu ! qui eft-ce qui fonge à votre bien ?

FONVAL.

Pouvez-vous nous prêter des vues fi baffes ?

Mad. GRAPIN.

Je ne parle pas de vous, Monfieur ; nous fçavons que vous n'y prétendez rien.

FONVAL.

Et je fuis auffi caution du défintéreffement de Mademoifelle.

Mad. GRAPIN.

Le feriez-vous auffi de celui du Chevalier ?

FONVAL.

Eh, Madame, laiffons-là ce Chevalier.

Mad. SIROTIN.

C'eſt ce que nous demandons ; mais ne nous parlez donc plus en ſa faveur.

ROSALIE.

Qui eſt-ce qui en a envie ? Nous en ſommes bien
éloignés.

Mad. GRAPIN.

N'eſt-ce pas de votre mariage que vous venez
nous parler ?

ROSALIE.

Sans doute ; mais c'eſt pour . . .

Mad. GRAPIN.

Vous voyez donc bien. Non, encore une fois.
Si cela dépendoit de nous, jamais cela ne ſe feroit.

FONVAL.

Et tant mieux ; c'eſt ce que nous voudrions.

Mad. SIROTIN.

Expliquez-vous donc. Voyons cela.

FONVAL.

Monſieur de la Cale veut obliger Mademoiſelle
à épouſer M. de Fatincourt. Elle ſent pour lui une
averſion inſurmontable ; & c'eſt pour vous prier de
l'en détourner que nous venons nous jetter à vos
pieds.

Mad. SIROTIN.

Quoi, c'eſt cela ! Oh fiez-vous à nous là-deſſus.
C'étoit bien notre intention avant que vous nous
en euſſiez priées.

FONVAL.

Ce n'eſt pas la ſeule grace que nous avons à vous
demander, & moi en mon particulier ſi j'oſois . . .

Mad. GRAPIN.

Je vous entends. Vous voudriez obtenir la place du Chevalier, n'est-ce pas ? Vous la méritez sans doute, j'y ferai mon possible.

Mad. SIROTIN.

Oui, de tout mon cœur.

Mad. GRAPIN.

Je vais parler à votre pere, & s'il s'obstine toujours pour ce maudit homme-là, je sors de sa maison pour n'y rentrer jamais. Le voilà. Retirez-vous un peu. Vous allez voir comme nous vous servirons.

SCENE VI.

M. DE LA CALE, Mad. SIROTIN, Mad. GRAPIN.

M. DE LA CALE.

RIEN n'est tel pour se faire des amis que d'être riche & décoré. L'un me félicite sur mon mérite ; l'autre me loue sur ma bravoure ; enfin depuis que j'ai la croix de S. Louis, il n'y a pas de compliment que je n'aie reçu. A les entendre, je la mérite autant que le premier Maréchal de France ... Je ne sçais pas ; mais ma veste me gêne. Il me semble que mon uniforme me siéra bien mieux. Hé, Jean-Baptiste ; mon uniforme. Dans la position où je me trouve, c'est le seul habillement qui me convienne. Apporte aussi ma perruque, mon épée, mon chapeau : que je me prépare à partir.

*Il ôte sa veste blanche, se met en habit de Gendarme,
& se regarde dans un miroir.*

Hé bien, n'ai-je pas bon air comme je suis ?
N'ai-je pas bien une mine à Chevalier ?

Mad. GRAPIN.

Oui, on ne peut mieux. Et dites-moi : parmi tous
les complimens que vous venez de recevoir, ne
vous en a-t-on pas fait aussi sur l'alliance que vous
contractez avec le Chevalier de Fatincourt ?

M. DE LA CALE.

Vraiment oui, on m'en a fait, & de beaux encore. Vous sçavez donc déja cela. Convenez à présent que c'est un assortiment bien plus raisonnable
que celui que vous vouliez faire.

Mad. GRAPIN.

Effectivement il est bien fait pour vous.

M. DE LA CALE.

Vous avez donc renoncé à lui. J'en suis bien aise.
Avouez que vous étiez bien folles.

Mad. SIROTIN.

Vous avez raison : nous étions bien folles, &
bien fous sont ceux qui veulent se coëffer d'un pa-
reil sujet.

M. DE LA CALE.

Ne vous voilà-t-il pas ? Vous ne pouvez pas l'a-
voir, & vous cherchez à le décrier.

Mad. GRAPIN.

Le décrier ! Oh il prendra bien ce soin-là lui-
même.

M. DE LA CALE.

Je sçais bien qu'il ne plait pas à tout le monde ;
mais je l'aime, moi, avec tous ses défauts.

Mad. GRAPIN.

Oh ! nous vous l'abandonnons de bon cœur.

M. DE LA CALE.

Il n'y a pas long-tems, ma chere fœur, & je juge à votre ton que vous avez un peu de dépit.

Mad. GRAPIN.

J'ai tout ce qui vous plaira ; mais je vous déclare que fi vous ne mariez votre fille à tout autre qu'à cet infolent-là, nous vous fruftrons, ma fœur & moi, de nos biens, & tout ira dans des mains étrangeres.

Mad. SIROTIN.

Oui, c'eft décidé.

Mad. GRAPIN.

Ne vous flattez pas au refte qu'elle confente jamais à l'époufer. Non, vous n'en viendrez jamais à bout.

M. DE LA CALE.

Je n'en viendrai pas à bout ! je le voudrois bien voir.

Mad. GRAPIN.

Eh bien, vous en aurez la fatisfaction. Fonval eft un garçon bien né, qui fait déja de très-bonnes affaires ; il aime Rofalie ; c'eft tout ce qui lui faut, & non pas des Chevaliers de cette efpece-là, qui ne fongeroient pas à elle, fi vous étiez moins riche, & non pas de ces hommes affamés, qui cherchent par-tout des dupes à qui ils faffent le malheur de la vie, comme font tant d'autres de fon caractere . . .

M. DE LA CALE.

Comment s'eft-il pu faire un fi grand changement.

en

en vous en si peu de tems ? Vous disiez aujourd'hui même précisément tout le contraire.

Mad. SIROTIN.

Si nous avons changé de sentimens, c'est pour de fort bonnes raisons ; & vous-même avez-vous oublié ce que vous m'en avez dit ?

M. DE LA CALE.

Non, je ne l'ai point oublié, & j'ai aussi mes raisons. La reconnoissance d'abord m'y engage ; vous sçaurez cela bientôt ; & puis vous vouliez faire une folie, & ma fille par là n'en fait point.

Mad. GRAPIN.

Et n'en fera pas, je vous jure. Vous en serez pour vos avances ; car, Dieu merci, c'est vous qui la lui avez jettée à la tête.

M. DE LA CALE.

Ah elle aime Fonval ! Je ne m'en étois pas apperçu. L'avis est bon ; il faut prendre garde à cela. C'est un fort joli garçon, je le sçais bien ; mais ma parole est donnée.

SCENE VII.

M. DE LA CALE, Mad. SIROTIN, Mad. GRAPIN, le Domestique blanc.

M. DE LA CALE.

Vous voilà, Monsieur Ducoulis ! quand partez-vous ?

F

Le Domeſtique.

Cela dépend de vous, Monſieur.

M. DE LA CALE.

De moi ! & en quoi ?

Le Domeſtique.

Quand vous m'aurez donné mes proviſions.

M. DE LA CALE.

Quelles proviſions ?

Le Domeſtique.

Celles que je ſuis venu chercher, & que vous devez me livrer, ainſi que le vin que j'ai ordre de goûter.

M. DE LA CALE.

Quel vin ?

Le Domeſtique.

Il n'importe, pourvu qu'il ſoit bon.

M. DE LA CALE.

Quel vin avez-vous ordre de goûter?

Le Domeſtique.

Le meilleur que vous connoiſſiez.

M. DE LA CALE.

Je ne vous entends pas.

Le Domeſtique.

Je le vois bien. Ne vous demande-t-on pas dans la lettre que je vous ai remiſe. . . .

M. DE LA CALE.

On ne m'y demande rien. On m'y marque ſeulement une bonne nouvelle, dont je n'ai pas oublié le porteur.

Le Domeſtique.

Je ſuis charmé qu'on vous y annonce de bonnes nouvelles, mais avec tout cela il me faut du vin, du beurre, de l'huile, du . . . .

M. DE LA CALE.

Je ſuis ſtupéfait : on ne m'en dit pas le mot.

Mad. GRAPIN.

Je vous diſois bien, moi, qu'il y avoit quelque choſe ſous cette lettre-là.

M. DE LA CALE *bruſquement à Mad. Grapin.*

Tout cela ne vous regarde pas.

S C E N E   V I I I.

Le Chev. de FATINCOURT, Mad. GRAPIN, Mad. SIROTIN, M. DE LA CALE, le Domeſtique blanc.

LE CHEVALIER *au Domeſtique.*

JE vous ai fait chercher par-tout, Monſieur Du-coulis, pour vous demander explication ſur une lettre que vous m'avez donnée.

Le Domeſtique.

Je crois l'entrevoir cette explication. Ayez la bonté de me donner la lettre, & vous auſſi, Mon-ſieur, la vôtre.

Il jette un coup d'œil ſur les deux lettres, & les échange en les leur rendant.

Par ce moyen-là vous n'avez plus, je crois, de difficultés.

F ij

M. DE LA CALE *refusant de prendre la lettre.*

Non, je ne comprends pas ce troc-là.

Le Domestique.

Lisez, & vous comprendrez.

M. DE LA CALE *après avoir lu.*

O Ciel ! quel coup de foudre !

LE CHEVALIER.

Oui, je connois ce stile-là.

Le Domestique *à M. de la Cale.*

Quand vous serez revenu de votre surprise, nous verrons tous deux à nous acquitter de nos commissions.

SCENE IX.

Mad. SIROTIN, Mad. GRAPIN, M. DE LA CALE, le Chev. de FATINCOURT.

M. DE LA CALE.

VOILA certainement la méprise la plus cruelle qui se puisse faire !

LE CHEVALIER, *bas à M. de la Cale.*

L'honneur est toujours pour votre famille, puisqu'il est pour moi ; ainsi vous devez être moins affligé.

M. DE LA CALE.

(*haut.*) C'est en effet fort consolant. (*bas.*) Etoit-ce de lui que j'aurois dû recevoir un tel soufflet ?

Mad. Sirotin.

Mais après tout, mon frere, il faut vous confoler.

M. DE LA CALE *brusquement.*

Il faut vous confoler!... Je n'ai pas befoin de
vos confeils. Holà! Jean-Baptiste, reprenez-moi
cet habit-là, & me l'allez rependre jufqu'à la prochaine revue. Je n'en ai plus befoin... Morbleu!
je fuis défefpéré.

(*En remettant fa vefte blanche.*)

Adieu mon mérite, adieu ma bravoure.

Mad. GRAPIN *à fa fœur.*

Retirons-nous à l'écart un peu, & tâchons d'é-
couter ce qu'ils vont fe dire.

Mad. Sirotin *bas à la Cale.*

Songez à lui parler comme il faut, finon nous
tiendrons notre parole, je vous en réponds.

Elles fe retirent dans l'enfoncement.

M. DE LA CALE.

Eft-ce là ce que vous me faifiez efpérer?

LE CHEVALIER.

Je vous avouerai que je viens de recevoir des
lettres particulieres qui me difent que le Roi eft
plus que jamais décidé à ne récompenfer que les
fervices bien prouvés; & moi-même, malgré les
quinze années des miens, fi je n'avois plufieurs
bleffures qui...

M. DE LA CALE.

Mais mon fucre, Monfieur!

LE CHEVALIER.

Attendez: il faut patienter; & l'ami chargé de

repréfenter votre mérite & les chofes que vous
avez faites, ne défefpere pas. Ne croyez pas au fur-
plus que la faveur faffe rien à ces chofes-là; & fi
je n'étois moi-même perfuadé que vous méritez . . .

M. DE LA CALE.

Mais mon fucre, Monfieur!

LE CHEVALIER.

Ne faites pas éclat de tout ceci, ce feroit trop
indécent; & ne vous imaginez pas que tout le fucre
du monde puiffe jamais contribuer en rien dans les
graces qui font de pures récompenfes. Vous devez
auffi fentir qu'il eft bien jufte de reconnoître les
peines & les démarches de ceux qui veulent bien
s'employer à les folliciter pour nous.

M. DE LA CALE.

Tout cela eft fort bien; mais mon fucre, Monfieur!

LE CHEVALIER.

Je vous donnerai par la fuite tous les éclairciffe-
mens néceffaires.

M. DE LA CALE (*à part.*)

Il y a quelque chofe là-deffous.

LE CHEVALIER.

En çà, pour revenir à notre affaire de tantôt,
avez-vous parlé à Mlle. votre fille? eft-elle d'accord?
quand finiffons-nous?

M. DE LA CALE *brufquement.*

Je n'en fçais rien.

LE CHEVALIER.

Il faut poutant que je fçache, moi . . .

M. DE LA CALE.

Je n'ai pas le tems de parler de cela à préfent.

LE CHEVALIER *avec dédain.*

Vous n'avez pas le tems ! Croyez-vous donc que j'aie celui d'attendre vos longueurs ?

M. DE LA CALE.

Vous êtes trop preffé. Apparemment que vous avez vos raifons pour cela ; & moi j'en ai pour ne pas l'être.

LE CHEVALIER *fe radouciffant.*

Mais c'eft que je me fuis dégagé d'une quantité de femmes à caufe de vous, & je voudrois arrêter quelque chofe.

M. DE LA CALE.

Vous avez eu tort de vous être dégagé d'avec elles ; car ma fille ne m'a pas écouté avec plaifir.

Mad. SIROTIN (*à part.*)

Voilà qui eft fort bien dit.

LE CHEVALIER.

Vraiment la premiere fois c'eft l'ufage. Il faut bien un peu minauder.

M. DE LA CALE.

Elle n'avoit point du tout l'air de minauder ; & j'ai fçu qu'elle étoit prife ailleurs.

LE CHEVALIER.

C'eft de Fonval peut-être que vous voulez parler ? Vous êtes bien bon de croire cela. Si c'eft-là le feul obftacle, il fera bien-tôt levé. Ne voyez-vous pas bien que ce qu'il en fait, ce n'eft que par oifiveté ; qu'il n'a d'autre but que de s'amufer, & j'aurois dû même vous en avertir en ami, auffi-tôt que je l'ai fçu ; car il n'aime nullement votre fille, j'en réponds : & elle-même n'eft pas plus . . . .

S C E N E X.

FONVAL, M. DE LA CALE, le Chevalier de
FATINCOURT , Mad. GRAPIN & Mad.
SIROTIN , *toujours dans l'enfoncement.*

FONVAL *vivement.*

MONSIEUR le Chevalier, ou qui que vous
foyez, je vous prie de ne pas juger de mes intentions : j'étois difpenfé de vous en rendre compte,
& ce n'eft pas à vous à vouloir y pénétrer.

LE CHEVALIER.

Tu ne vois pas , mon ami, que c'eft toi qui fais
ici une difficulté, fans le vouloir ? Monfieur s'imagine . . . .

FONVAL.

Monfieur ne fçauroit trop s'imaginer , & puifqu'il eft inftruit de mon amour, je viens l'en affurer
encore, & le prier de confentir à notre union , &
à ce que ma main, mon cœur & ma fortune foient
en ce jour à fon aimable fille.

LE CHEVALIER *à Fonval.*

Quoi, férieufement ?

FONVAL.

Oui, très-férieufement, Monfieur. Je vous ai
toujours caché mes véritables fentimens : je n'ai
plus d'intérêt à le faire à préfent. Je les divulgue,
& m'en fais gloire.

LE CHEVALIER *avec hauteur à M. de la Cale.*

Pour qui me preniez-vous donc, Monfieur, dans tout ceci ?

M. DE LA CALE (*à part.*)

Ah ! fi j'avois mon habit de Gendarme, comme tout-à-l'heure, cela lui en impoferoit peut-être.

LE CHEVALIER.

Vous me jouiez donc, Monfieur ?

M. DE LA CALE.

Non, Monfieur, je n'avois garde ; mais vous voyez bien . . . .

LE CHEVALIER.

Apprenez qu'avec les gens comme moi . . .

FONVAL.

Apprenez vous-même que lorfque je ferai ici, vous n'y parlerez jamais plus haut que le maître de la maifon.

M. DE LA CALE *bas à Fonval.*

Bon courage, mon ami.

LE CHEVALIER *à M. de la Cale.*

Mais il me femble que quand on fait l'honneur aux gens de votre efpece de . . .

FONVAL *vivement.*

Je vous ai déja dit que votre ton me déplaifoit.

LE CHEVALIER.

Ah ! il vous déplait ! cela eft unique. Il vous dé-plait ! Vous êtes bien heureux l'un & l'autre que j'aie l'ame un peu philofophique ; fans cela . . . . Mais après tout je vous ai obligation ; vous me faites voir clair ; je me méfalliois, & l'objet n'en vaut par la peine.   (*Il fort.*)

Mad. Sirotin & Mad. Grapin paroissent.

Mad. GRAPIN *à Fonval qui veut le suivre.*

Laissez-le aller, Fonval. Vous auriez, je le vois, trop bon marché de lui.

SCENE DERNIERE.

Mad. SIROTIN, Mad. GRAPIN, M. DE LA CALE, ROSALIE, FONVAL.

Mad. SIROTIN.

Nous en voilà donc débarrassés pour toujours vraisemblablement.

M. DE LA CALE *appercevant sa fille au fond du théâtre.*

Approchez, ma fille. Je vous ai donné quelques momens de chagrin au sujet de cet homme-là ; j'en suis fâché. Il n'en sera plus question, Dieu merci. Je ne veux plus désormais gêner votre inclination ; vous n'avez qu'à dire votre choix, & j'y applaudis.

Mad. GRAPIN.

Vous sçavez bien quel il est ; que ne lui épargnez-vous la mauvaise honte de le dire ?

Elle met la main de Rosalie dans celle de Fonval.

Tenez, voilà l'affaire faite.

M. DE LA CALE.

Allons, je le veux de tout mon cœur. Soyez heureux, mes enfans. Profitez de mon exemple pour éviter de donner dans un ridicule où tombent

quantité de gens; j'en suis revenu un peu ignomi-
nieusement; mais n'importe, cela s'oubliera.

Mad. GRAPIN.

Moi, je ne proposerai mon exemple à personne:
cela ne serviroit de rien ; pour être bien corrigé
tout-à-fait, je crois qu'il faut avoir été trompé
comme nous l'avons été.

M. DE LA CALE.

Evitez sur-tout ces intrigans, qui, sous des airs
d'importance, cherchent à se faufiler dans toutes
les maisons. J'en connois un bon nombre; je vous
les nommerai, afin que vous ne les voyiez jamais.

F I N.